PowerUp Issue
パワーアップ版

わかる！伝わる！
プレゼン力

Textbook for Presentation

佐藤佳弘
Sato Yoshihiro

プレゼンテーション
虎の巻

武蔵野大学出版会

はじめに

　あなたは人前で話すことが苦手ですか？

　実は、私自身も人前で話すことが大の苦手でした。できる限り、そのような場を避けてきましたし、自分から発表者を志願することなど決してありませんでした。ところが、いつの間にか講演や研修を依頼される立場になり、やむなくプレゼンテーションの勉強を始めました。人のプレゼンテーションを見たり、自分でも試したり試行錯誤を繰り返して、そして、わかったのです。プレゼンテーションは、闇雲に経験するだけでは上達しない。コツや技術が確かにあって、それがわかれば誰でもできるようになる。

　私はその後、大学で学生にプレゼンテーションを教えることになり、この考えが正しいことを確信しました。私の授業を履修した学生のプレゼンテーションは、どれも例外なく見違えるように良くなり、どこへ行ってもピカイチなのです。

　これまで書店に並ぶどの本を読んでも、初心者が本当にプレゼンテーションができるようになるとは思えませんでした。それは実際に学生に教えてみればわかることです。コツと技術をシンプルに伝えなければ実践できません。それなのに、どうすればよいのかをシンプルに伝える本がなかったのです。

　そこで、私が授業で改善しながら使用してきたテキストを出版することにしました。本書は、学生はもちろんのこと、プレゼンテーションをしようとする社会人にとっても非常に有用な手引き書です。ぜひ、本書で、プレゼンテーションの技術を身に付けて下さい。

　最後になりましたが、本書の出版にあたり、武蔵野大学出版会の斎藤晃さんに大変お世話になりました。出版不況の中にありながら、原稿の相談をした時から前向きに検討してくださり、内容や構成にいたるまで貴重なアドバイスをいただきました。丁寧に編集をしてくださり、心からお礼申し上げます。

　また、本文中の多くのイラストを描いて本作りに協力してくれた初瀬優さんにも感謝いたします。

2018 年 8 月　佐藤佳弘

本書の構成と使い方

　本書はどこから読み始めてもＯＫです。各章や節に順序はありません。第1章は総論です。そして、第2章から第7章までは、基本動作、内容、構成、表現、スライドに分けてポイントを解説しています。第8章はプレゼンに取り組む人が困ることや悩みに答えています。

　自分の不得意な分野から読んでもよいし、興味のある分野から読んでもよいです。必ず自分の弱点の克服に役立てることができます。ぜひ本書で、プレゼン力をレベルアップさせて下さい。

　　　　　どこから読んでも役に立ちます

　　　第1章　　← 総論

　　　第2〜7章　← 各論

　　　第8章　　← 全体の振り返り

　　　付録　　　← 実践に合わせて

わかる! 伝わる! プレゼン力
[目次]

はじめに…………3
本書の構成と使い方…………4

第1章 プレゼンのイロハ

1 プレゼンで未来を拓く…………10
2 良いプレゼン悪いプレゼン…………13
3 上手に話せばいい?…………16
4 プレゼンの三要素…………18
5 話し手の心構え…………22
6 守・破・離…………24
7 練習は本番を裏切らない…………26
8 わかる説明は基本…………28
9 場数を踏めば上手くなる?…………30

第2章 基本動作のポイント

1 見た目の印象が大事…………32
2 印象を決める要素…………34
3 姿勢〜まっすぐに立つ…………36
4 目線〜聞き手を見る…………41
5 表情〜にこやかに…………43
6 声〜大きく、はっきり…………45
7 外見〜服装、髪型、化粧…………47
8 うつむきプレゼン…………48
9 聞き手のプレゼン…………49
10 聞き手のタブー…………56

第3章 内容のポイント

1 テーマを1つに絞る…………60
2 言いたいことより聞きたいこと…………64
3 プレゼンの目的…………66
4 どうして欲しいのか?…………67
5 アクションのための情報…………71

6	聞き手がその気になったか	…………72
7	聞き手になって見直せ	…………73
8	アイドマの法則	…………74

第4章　構成のポイント

1	入口、出口、そして道筋	…………76
2	入口で述べること	…………78
3	出口で述べること	…………80
4	2枚目で決まる	…………82
5	タイトルスライドを最後に出す	…………83
6	サブタイトルで締めくくれ	…………84
7	内容・構成のタブー	…………85
8	自己紹介の失敗パターン	…………87
9	自己紹介サンプル	…………89

第5章　表現のポイント

1	呼びかける	…………92
2	言い切る	…………93
3	ビジュアルに言う	…………94
4	オノマトペで生き生きと	…………96
5	程度を伝える	…………97
6	相手にわかる言葉で	…………98
7	沈黙による強調	…………99
8	スライドの接続詞	…………100
9	上達への近道	…………102
10	スベっても進め	…………103
11	表現のタブー	…………104

第6章　スライド作りのポイント

1	スライドはフリップだ	…………106
2	配布資料とは別物	…………107
3	読ませるな、見せろ	…………108
4	適切なスライド枚数	…………109

5	サブタイトルを必ず使え	110
6	最後のスライドにも書け	111
7	項目と要点を書く	112
8	キーワードを書き込め	114
9	スライドに語らせる	115
10	文章をダラダラ書かない	116
11	1スライドに8行まで	118
12	タイトルも重要な1行	119
13	適切な文字サイズ	121
14	上手に飾れ、自分らしく	122
15	遠目でチェック	123
16	何度も練習して改善する	124

第7章 スライド表現のポイント

1	画像で上手にイメージ化	126
2	グラフで上手にイメージ化	128
3	図式で上手にイメージ化	130
4	グラフ選び	132
5	表グラフのタイトルで語れ	133
6	文字の強調でメリハリ	134
7	数字は大きく単位は小さく	136
8	表を描くコツ	137
9	棒グラフを描くコツ	139
10	折れ線グラフを描くコツ	141
11	円グラフを描くコツ	143
12	カラフル禁止	145
13	表グラフのメリハリ	146
14	スライドのタブー	147

第8章 プレゼンの悩み解決

1	緊張してしまう	150
2	どこを見たらいいの？	156
3	手が動いてしまう	157

4	姿勢が丸まってしまう	158
5	声の大きさがわからない	159
6	言うことを忘れる	160
7	何分話したのかわからない	161
8	自動機能は使うべき？	162
9	テンションを上げるには	163

付録

1	プレゼン前に確認しよう	166
2	やってはいけない	167
3	必ず行え動作テスト	174
4	不評のレーザーポインタ	176
5	プレゼン会場の設営	177
6	成功の習慣作り	179
7	自己チェックリスト	180

あとがき………181

わかる！ 伝わる！ プレゼン力
Textbook for Presentation

第 **1** 章

プレゼンの
イロハ

1. プレゼンで未来を拓く

　プレゼンテーションに一番近い日本語は「発表」です。しかし、プレゼンテーションの意味は、ただ発表するということだけではない。英語の"present"には、「提出する」「渡す」という意味がある。つまり、プレゼンテーションとは、あることを「相手に伝える」行為なのである。だから、もしも相手に伝わらなかったら、そのプレゼンテーションは目的を果たすことができず失敗だ。本書で相手に伝わるプレゼンテーションを身に付けよう。

日常にあるプレゼンテーション

人前で話すこと全般
- 授業、ゼミでの課題発表
- サークルでの説明
- 卒論の発表
- 結婚披露宴でのスピーチ
- 就職先での自己紹介
- 会議での報告
- 会社での企画提案

ここがポイント　相手に伝わらなかったら、プレゼンテーションは失敗だ。

人前で話すことはすべて、あることを「相手に伝える」行為だ。そう考えると、仕事や生活のいろんな場面がプレゼンテーションの場だということがわかる。だから、効果的に伝えることができるようになったら、あなたが推薦するものや、提案するもの、こうして欲しいと希望すること、こうあるべきだと主張することなどが相手に受け入れられて、あなたの未来が拓けていくのです。

日常にあるプレゼンテーション

たとえ相手が小人数でも

コンパ、合コンでの自己紹介
ゼミでのディスカッション
意中の人への告白
就職面接での自己アピール
就活でのグループディスカッション
お客様への商品、サービスの説明
会議、ミーティングでの発言

ここがポイント　相手に伝わり、受け入れられたら、あなたの未来が拓ける。

第1章●プレゼンのイロハ

11

今後あなたの身には、これまでと同じく、いやこれまで以上に、プレゼンテーションの機会が何度も訪れる。それは、あなたに与えられた絶好の自己表現の機会だ。その機会を活用して欲しい。チャンスは棚から落ちてくるものではなく、あなた自身が引き寄せるのです。プレゼンテーションを本気でやれば、ウソではなく、あなたは未来を必ず拓くことができる。

あなたは未来を必ず拓くことができる

こんな人にオススメ

あがり症の人
引っ込み思案の人
恥ずかしがり屋の人
人見知りが激しい人
自分を変えたい人
話ベタの人
自分に自信がない人

ここがポイント　プレゼンで自分が変わる。未来を拓く第一歩だ。

2. 良いプレゼン 悪いプレゼン

　これまであなたは、小学生の時から毎日のようにプレゼンテーションの聞き手を体験してきた。それは授業だ。授業はまさに教員が行うプレゼンテーションである。

　学校では授業の他にも聞き手になる場面がたくさんある。入学式や卒業式、始業式、朝礼などで挨拶を聞くという場面である。授業を受けたり挨拶を聞いたりしたときの自分を思い出してみよう。

良いプレゼンテーション

聞いていて苦にならない。
もっと聞いていたいと思う。
聞いてよかったと思う。
自分にやる気や元気が出る。
また聞きたくなる。

▼

なぜだろうか？

| 考えてみよう | 良かった授業を思い出してみよう。なぜ、良かったのだろうか？ |

第1章●プレゼンのイロハ

学校では良い授業ばかりではなかったはずだ。まったく興味がわかなかった授業、できれば受けたくなかった授業、苦痛でなかなか時間が過ぎなかった授業、あなたが嫌いだった授業を思い出してみよう。そして、その授業のどこが良くなかったのかを具体的に考えてみよう。

悪いプレゼンテーション

聞いていると苦痛である。
早く終ってくれと思う。
時間を返せと言いたくなる。
聞いているとイライラする。
2度と聞く気がしない。

▼

なぜだろうか？

今後、自分がプレゼンテーションを行うときには、聞き手がどのように感じているのかを忘れないでもらいたい。あなたがプレゼンテーションを行う際には、どのような心構えで、どのような準備をして、どのようにプレゼンテーションをすべきなのかを、これから述べてみたい。

考えてみよう ｜ 悪かった授業は、どこが悪かったのだろうか？

聞き手の
実感

**良い
プレゼン
テーションの
項目例**

・声が大きい。
・具体例、体験談を挙げて
　説明する。
・笑顔である。
・今日のテーマを
　ハッキリ言う。
・結論がハッキリしている。
・興味のある話題を出す。

**悪い
プレゼン
テーションの
項目例**

・何を言っているのか
　わからない。
・資料を読んでいるだけ
　である。
・無駄話が多い。
・専門用語で説明する。
・無表情。
・一方的である。

第1章●プレゼンのイロハ

15

3. 上手に話せばいい？

　プレゼンテーションを学ぼうとする人の多くは、上手に話せるようになりたいと言う。確かに上手に話せることに越したことはないだろう。でも、考えてもらいたい。上手に話せれば本当によいプレゼンテーションなのか？

考えてみよう　就職体験を聞く有料のセミナーに参加したとする。
２つの会場で行われていて、どちらの会場でも、
去年まで就職活動をしていた新卒者が、
自分の体験を話している。
あなたはどちらの会場で話を聞きたいか？

A会場のA君

スラスラ

就活に行ったらさあ、合コンがおまけに付いちゃって……

ペラペラ♪

話が上手だ。
でも、
内容は
自慢話ばかりである。

話が上手なＡ君の会場と話が下手なＢ子の会場と、あなたはどちらの会場で話を聞きたいか？どちらのプレゼンテーションならば、お金を払ってもよいと思うか？この例でわかるように、プレゼンテーションの本質は、上手に話せるかどうかではないのだ。

B会場の B子さん

詰まりながら

つっかえながら

あのぉ、最終面接の時に、えーと、こんな質問をされて………

話が下手だ。
でも、
内容は
貴重な体験談である。

**ここが
ポイント**　上手に話すこと＝よいプレゼンテーション
ではない。

第1章●プレゼンのイロハ

17

4. プレゼンの 三要素

不可欠な 三要素

1. 熱意（ハート）
   〜伝えようという気持ち

2. 内容（コンテンツ）
   〜伝えたいこと

3. 技術（テクニック）
   〜伝える工夫
   （プレゼンテーション技法）

熱意（ハート）〜伝えようという気持ち

　伝えたいという熱意、伝えようという意欲がプレゼンテーションには不可欠である。やる気のないプレゼンテーションは、何をどうやっても伝わらない。話を始める前から、すでに失敗している。逆に、伝えたいという熱意に満ちたプレゼンテーションは、ほとんどの失敗を補ってくれる。

では、熱意を持つには、どうすればいいのか？　モチベーションの源は下心である。プレゼンテーションがもたらすプラスの効果をイメージする。「プレゼンの機会が与えられた。一生懸命にやったら、こんないいことがあるかもしれない」とプラスの効果を想像する。モチベーションの源は下心なのだから、「モテるかもしれない」でも何でもいい。これは、馬の前にぶら下げるニンジンみたいなものだ。自分にとってのメリットを前向きに想像できれば、取り組む意欲が出て、それが熱意につながるのである。

下心は
モチベー
ションの
源

ここがポイント　下心を持てば、熱意が生まれる。

内容（コンテンツ）〜伝えたいこと

　聞き手を無視した自分勝手な内容は単なる自己満足の演説に過ぎない。
　聞き手がいないプレゼンテーションは有り得ない。聞き手がいるからこそプレゼンテーションなのだ。その場に期待されているものは何か？聞き手が求めているものは何か？何を話すべきか？を考えて内容を作らなくてはならない。

ここがポイント 聞き手が求めているものを与える。

技術（テクニック）
～伝える工夫（プレゼンテーション技法）

脚本が良くても役者が大根では

伝えたいという意欲はある。内容も相手のことを考えて検討した。ならば、あとは効果的に使える方法を身に付けよう。十分に意欲があり、伝えたい内容があるのに、それを伝える方法が悪ければ、せっかくの努力が報われない。効果的に伝えるための技法を本書で身に付けよう。

考えてみよう	脚本は良いのに役者が大根というショッパイ演劇の例
ここがポイント	伝える方法が悪ければ、せっかくの内容も伝わらない。

5. 話し手の心構え

> おしゃべり、居眠り、よそ見は、話がつまらない証拠である。

居眠りは
話が
つまらない
証拠

　プレゼンテーションをしていたら、だんだんと聞き手の反応が鈍くなっていく。ふと気が付くと何人か居眠りをしている。それを見て、人が話をしているのに寝るなんて失礼だ……と憤慨するのはお門違いだ。あなたの話がつまらないから、眠くなるのである。

> **ここがポイント**　居眠りは聞き手の無言の抗議である。

話を理解できないのは話し手が悪い。
聞き手ではない。

聞き手の知識を考えて話すことは、大事なことである。自分中心で行う話し手本位の説明は最悪のプレゼンテーションだ。どのような人たちが聞き手となっているのかを事前に確認しておくことが必要である。そして、本番では聞き手の反応をよく見ながら話そう。

**ここが
ポイント** 　相手の理解度を考えないのは、
　　　　　　自己満足の演説にすぎない。

準備をしないプレゼンは、成功しない。

本気で伝えたいと思うのならば、精一杯の準備をするべし。何度も練習せよ。会場も下見する。私たちはプロではない。素人なのだから、事前にできる限りの準備をして本番に臨むべきである。アドリブで何とかしようというのは、大間違いである。

**ここが
ポイント** 　伝えたければ十分に準備せよ。

6. 守・破・離

　守破離とは、道を極める修行の段階をあらわす言葉である。６００年前に能の世阿弥が風姿花伝の中で展開した芸能論の一部と言われている。この教えは特に武道の修行に当てはめて説明されることが多い。

　守破離の考え方は、プレゼンテーションの習得にも応用できる。プレゼンテーションでも、この守破離の段階を踏みながら、上達させると考えるとよい。

守

　教えられた基本をしっかりと守って、会得する段階である。家の建築で言えば、この部分が家屋の土台となる。もしも基礎ができていなければ、地震や大雨ですぐにボロが出る欠陥住宅と同じだ。本書では、プレゼンテーションの基本を教えている。「守」の段階の修行だと思って勉強するとよい。しっかりと基本を身に付けよう。

破

　「守」の段階で学んだ基本を、自分に合わせて、自分なりの工夫を加える段階である。自分の特性や強みを生かして、応用・発展させるのである。本書で基本をしっかりと学べば、自分に合わせた個性的なプレゼンテーションに発展させることができる。

離
<small>り</small>

　教えられた基本や学んだ基本を自分のものとして会得し、形にとらわれず、守るとか破るとかを意識する必要がなく、形から離れる境地になった段階である。誰にもマネができない自分独自の形ができあがる。こうなったら、もはや達人の域だ。プレゼンテーションを意識することなく、プレゼンテーションをこなしている。

　茶道界の千利休（せんのりきゅう）には、次のような歌がある。
『規矩作法　守りつくして　破るとも　離るるとても　本を忘るな』
<small>き　く</small>
　伝統を踏まえながらもそこに留まることなく、常に新たな世界を創造してゆくが、根本の精神は忘れない。または、基本を守り、基本から応用を見出し、自分の型をみつける。それでも、基本を忘れるなという意味である。プレゼンテーションの習得に似ているではないか。

守・破・離の教え

規矩（きく）…人の行動の規準となる手本や基準

25

7. 練習は本番を裏切らない

　私たちはプロではないのだから、ろくに準備もせずに臨んだアドリブのプレゼンテーションが成功するなどと考えてはいけない。いや、たとえプロであっても、見えないところで私たち以上に準備をして、人一倍の努力をしてから本番に臨んでいるのである。

時間を測って何度も練習する

　練習をしないプレゼンテーションは成功しない。私たちは時計で時間を測りながら、事前に少なくとも10回は練習しよう。練習をしながら、シナリオや電子スライドをチェックして、改良を繰り返すのだ。

> **ここがポイント**　時間を測って、少なくとも10回は練習する。

本番と同じように挨拶をするところからスタートして、実際に電子スライドを切り替えながら、プレゼンテーションを進行させてみる。そのとき、うまくいかなかった箇所を重点的にチェックして改善するのだ。

そして、改善する

言葉がうまく出なかった部分があったら……

ストーリーをシンプルにする

ポイントを書き込む

あるプロのアナウンサーの言葉
「自分が一番下手だと思って精一杯の準備をしろ。
そして、本番では自分が一番うまいと思って臨め」

ここがポイント
次の箇所を重点的にチェックする。
・言葉に詰まった箇所
・言いたいことを忘れてしまった箇所

8. わかる説明は基本

　説明がわかりやすければ良いプレゼンテーションだと勘違いしている人も多い。わかりやすく話すということは、話し手が守るべき最低限のレベルであり、当たり前のことなのだ。「わかりやすかった」ということだけで良いプレゼンテーションだったとは言えないのである。

上手な運転は当たり前

接客態度も大事

安全運転も重要

考えて みよう	車がスムーズに動きさえすれば、それで良いタクシーなのか？運転手の接客態度や安全な運転は関係ないのか？
ここがポイント	わかる説明は当たり前のレベルである。

わかる説明は最低限の条件

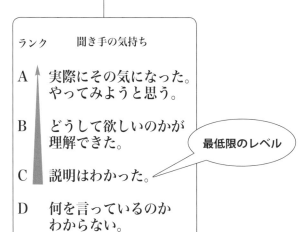

プレゼンテーションも同じだ。わかりやすく説明することは、守るべき最低限のレベルである。わかりやすかったから良いプレゼンテーションだったと言っている間は、あなたのプレゼンテーションは決して上達しない。わかりやすい説明をした上で、どうして欲しいのかが伝わらなければならないのである。

ここがポイント どうして欲しいのかを伝え、さらにその気にさせる働きかけが必要なのである。

9. 場数を踏めば上手くなる?

　答えはノーだ。場数を踏むことは、プレゼンテーションの上達には関係ない。場数を踏めば、場慣れするだけであって、決して良いプレゼンができるようになるわけではない。その証拠に講義を考えてみるとよい。教員は毎日のように講義というプレゼンテーションを行っている。何度も場数を踏んでいるにも関わらず、下手な講義はいつまでたっても退屈で眠くなる講義のままだ。

場数と上達とは無関係

ここがポイント　場数を踏んでも雰囲気に慣れるだけで、上手くはならない。

わかる！伝わる！プレゼン力
Textbook for Presentation

第 2 章

基本動作の
ポイント

1. 見た目の印象が大事

　ある大学の研究室が行った実験がある。初対面の人を見て、自分が好きなタイプの人なのか苦手なタイプの人なのかの判定するまで、どのくらいかかるかというものである。平均時間は、10秒以内だったという。

考えてみよう あなたは初対面の人に会った時、どのくらいの時間で好きか苦手かを判断しているだろうか？

ここがポイント 第一印象は、6秒で決まる。

プレゼンテーションを行う場合、話し手と聞き手とが初対面という場面は、よくあることだ。だから、プレゼンテーションにとって、第一印象を決めてしまう見た目は、非常に重要なのである。次のページから良い第一印象の作り方を見ていこう。

どっちの印象がいい？

ここがポイント 聞き手の前に登場した時から、プレゼンは始まっている。

2. 印象を決める要素

プレゼンテーションに必要な基本の三要素は、熱意（ハート）、内容（コンテンツ）、技術（テクニック）である。この中の熱意（ハート）は心の持ち様だ。しかし、聞き手は心の中までのぞいて見ることができない。どうすれば熱意を伝えることができるだろうか？

第一印象の5項目

1. **姿勢**
   〜まっすぐに立つ
2. **目線**
   〜聞き手を見る
3. **表情**
   〜にこやかに
4. **声**
   〜はっきり、大きく
5. **外見**
   〜服装、髪型、化粧

考えてみよう　聞き手はどのようなところで話し手のやる気の有無を感じるのか？

ここがポイント　熱意は、見た目で判断される。

34

印象を決定づける要素

姿勢　　目線　　表情

声　　外見

3. 姿勢 〜まっすぐに立つ

正しい立ち姿の作り方

　マリオネット（操り人形）をイメージするとよい。自分の頭の頂点に糸が付いていて、真っ直ぐ上に引き上げられる。いったん踵（かかと）が床から浮く。そこで、糸が放されて、スッと踵（かかと）が床に降りる。その時の姿がプレゼンの正しい立ち姿である。

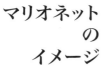

マリオネットのイメージ

頭の頂点に糸があって

上に引き上げられる

ここがポイント マリオネット（操り人形）をイメージして立つ。

両足の間隔は肩幅に

　左右の足の間隔を肩幅くらいにしてにして立つと安定する。自分の安定した足幅を知るには、大きな伸びをしてみるとよい。伸びをした時の足幅が、自分にとって自然な足幅だ。安定した足幅は揺れる電車の中でも作られる。揺れる電車の中では、体が安定するように自然な足幅で立っている。

足の幅は安定した幅に

考えてみよう　電車の中でのあなたの足幅は、どのくらいか？

ここがポイント　揺れる電車の中での足幅が、自分の安定した足幅だ。

手の位置

　伝えようと思うあまりに動いてしまう手は、熱意の表われである。気にせず動くままに任せてよろしい。注意すべきは、動かしていない時の手の位置だ。手の置き場は、いくつかある。

動かしていない時の手の位置

1. **横に自然に下げる**
   ズボン側面の縫い目を中指で触る

2. **体の前で手の平を持つ**
   指をまとめてしっかりと持つ

3. **体の前で資料を持つ**
   両手で持つとよい

4. **演台に軽く両手を添える**
   片手に体重をかけると、体が傾く

ここがポイント　手を置く場所を決めておこう。

姿勢は1日にして成らず

　正しいプレゼンテーションの姿勢を身に付けるまでには、少なくとも3か月はかかる。毎日、意識して姿勢を練習することで、3か月くらいで体に定着し、本番のときには自然と正しい立ち姿でプレゼンテーションができるようになる。

毎日の
練習が
姿勢を
つくる

　日常生活の中で、練習する機会はたくさんある。信号待ち、電車待ち、レジ待ち、ＡＴＭ待ちなど立ち止まる時間があるだろう。その時間を利用して、練習するとよい。毎日、意識を持続させることが大切である。

**ここが　　本番のときだけ意識しても
ポイント　姿勢はできない。**

心の姿勢は体の姿勢に表れる

　やる気、意欲、元気のない人間は、その気質が見た目の体の姿勢に表れる。同じように、後ろ向き、逃げ、その場限りの姿勢の人間も、その気質が姿勢に表れる。心の姿勢と見た目は連動するのである。話し手の

心の姿勢が見た目を通して聞き手に見事に伝わってしまう。
　うだうだ、あーだのこーだの、のらりくらり、と言い訳をしながら生きてきた「言い訳、屁理屈、正当化」人間と、足を組む姿勢とに相関があることも興味深い。

ここがポイント　心の姿勢は見た目に現れる。

4. 目線 〜聞き手を見る

　プレゼンテーションの最中は、聞き手の方をしっかりと見ることが特に重要である。聞き手を見ながら話すということは、プレゼンテーションにおいて基本中の基本なのである。

　自分の名前を述べることすら、メモを見たり、下を向いてスタートしたプレゼンテーションは、すでにその時点で失敗している。少なくともタイトルページを表示している話し始めの間は、しっかりと前を向いていなければならない。

熱意の
ビームは
目から
出ている

ここが
ポイント　　タイトルページの間は、
　　　　　　しっかりと前を見る。

熱意のビームは目から出ている。そのビームを聞き手に向けなければ、話し手の気持ちは伝わらない。途中でスクリーンを見たり、モニター画面を見ることがあったとしても、持ち時間の8割以上は、聞き手の方に目線を向けている必要がある。

持ち時間の
8割以上は、
聞き手の方を
見る

ここが
ポイント　聞き手を見ることは基本中の基本。

5. 表情 〜にこやかに

　プレゼンテーションでは表情をにこやかにするべし。聞き手の表情は、あなたを映す鏡だと思って表情を作ろう。あなたの表情が硬いとき、聞き手の表情も硬くなる。だから、無理矢理でもにこやかな表情を作る必要がある。緊張をすると、表情がこわばり、笑顔を作ることが難しいも

のである。そんな時は作り笑いでもよいのだ。スタート時だけでも意識して口角を上げよう。

聞き手の表情はあなたを映す鏡

> **ここがポイント** 作り笑いでもにこやかな表情を作る。

第2章●基本動作のポイント

生まれつきの顔立ちは、整形をしない限り変えることはできない。目鼻のパーツの形や位置は、もって生まれたものである。しかし、意識をすることで「顔付き」は、いくらでも変えることができる。顔付きとは、すなわち表情である。

　つまり、見た目の印象を決める要素の姿勢も目線も表情も声も外見も、すべて生まれつきのものではなく、私たちの努力でいくらでも変えることができるのである。

　笑顔でいると脳が楽しいと勘違いするらしい。試しに日常のことすべてを笑顔でやってみるとよい。笑顔を心掛けていると、不思議なことに毎日がだんだんと楽しくなってくる。

ここがポイント　生まれつきの顔立ちは変わらない。でも、顔付きは変えられる。

6. 声 〜大きく、はっきり

大きく

　常に一番後ろの人をターゲットにして声を出す。無駄にデカい声でもOKだ。声が大きいプレゼンテーションは、聞き手に伝えたいという意欲を感じさせる効果がある。どんな初心者でも、少なくとも声を出す努

力はできるはずだ。技術もいらない。まず最初に行うべき努力は、一番後ろの人に聞こえるよう大きな声を出すことである。

ここがポイント　最後尾の人をターゲットにして声を出す。

はっきり

声をはっきりと出すべし。語尾を「わたしわぁ〜」と延ばしたり、語尾を上げたりする話し方はやめよう。友達同士では許されても、プレゼンテーションではマイナスだ。語尾を上げると印象を悪くする。

また、「〜じゃないですか」という耳障りな表現も、普段から使わないように意識していた方がよい。緊張すると思わず普段の姿が出てしまうものである。日常での努力がプレゼンテーションを作るのである。

ここがポイント **語尾を上げたり伸ばしたりする話し方は、日常会話から直す。**

ゆっくり

意識的にゆっくりと話すべし。わざとゆっくり話すと気持ちが落ち着いてくる。逆に、急げば急ぐほど緊張が高まってしまう。そこで、噛んだり、間違ったりすると、さらに緊張してしまって、自分で自分の首を絞めることになる。

緊張していると自覚したら、意識的にゆっくりと話をする。特に、スタート時は緊張がピークにあるので、ゆっくり話し始めるとよい。

ここがポイント **緊張していると思ったら、意識してわざとゆっくり話す。**

7. 外見　〜服装、髪型、化粧

　渋谷センター街の路上にペッタリと座り込んでいるヤンキー女は言う。「私たちを見た目で判断しないでよっ！」
　よく考えてみろ。付き合ったこともないし、友達でもない初対面のあんた達を、いったいどこで判断しろというのだ。初対面で判断する材料

は外見しかないのだ。人間の第一印象は、見た目で決まる。中身を知って欲しければ、中身を形（外見：服装、髪型、化粧）にして見えるようにすることだ。

中身を形にする

> **ここがポイント**　初対面の相手には、中身を形にしなければ伝わらない。

8. うつむきプレゼン

　最もやってはいけない最悪のプレゼンテーションは、原稿を読み上げるプレゼンテーションである。下を向いたままで聞き手を見ずに、原稿を読み上げるのであれば、別室で読めば良いのだ。あなたが聞き手の前に立っている意味を考えて欲しい。

　すべてを暗記しようとするから、原稿が必要になる。スライドに話す順に項目を書き、話すべきことをキーワードで書き込めば、何から何まで暗記する必要がなくなる。

　プレゼンテーションでは、前を見ることが基本中の基本である。

伝えたいなら聞き手を見る。

ここがポイント　原稿、カンペを捨てる。

9. 聞き手のプレゼン

　プレゼンテーションは、話し手だけが作っているものではない。実は、聞き手も一緒に作り上げている。つまり、聞き手の反応がプレゼンテーションの出来・不出来に大きな影響を与えているのだ。

　あるテレビ番組でこんな実験が行われた。大学の落研（おちけん：落語研究部）が寄席を借りて、落語の発表会を開催した。高座に上がる部

反応が悪い聞き手

員には内緒で、局のスタッフがお客さんたちに事前にお願いをしたのである。A君の落語では笑わないでください。B君の場合は大いに笑ってください。

反応が悪いと、調子も悪くなる ✕

| ここが
ポイント | プレゼン殺すに刃物はいらぬ。
聞き手が反応せねばよい。 |

第2章●基本動作のポイント

49

A君が高座に上がったときから、寄席の雰囲気は冷たい。つかみの小話からウケない。本題に入っても客の反応は悪い。スベリまくりだ。A君の表情はどんどんと硬くなり、声も自信なさそうだ。次第に話には勢いがなくなり、オチもウケずに一席が終わった。

　次にB君が現れると、お客さんはすでに笑顔である。小話の段階でお客は大笑いをする。何を言ってもドッカンドッカンと大ウケだ。B君は調子がどんどんと乗ってきて、表情も生き生きしている。始めはわざと笑っていた客もいつの間にか本当に面白くなって心から笑い始めた。大成功の高座になり、B君自身も笑顔で袖に下がった。

　この実験は、聞き手の反応がプレゼンテーションの出来を大きく左右することを示している。私たちは、他の人のプレゼンテーションを聞く側になったときには、聞き手のプレゼンを意識しよう。

反応が良い聞き手

反応が良いと、調子も良くなる

話し手を見ること

　聞き手のプレゼンの基本は、話し手を見ることである。同時に体の向きも、正面が話し手の方に向くようにする。体を明後日(あさって)の方向に向けていては、聞き手として失格である。

　横を向いたり、下を向いたままで「耳で聞いているからいいじゃん」は問題外である。自分が話し手になったことを想像してもらいたい。こちらを見ていない聞き手に対するプレゼンテーションは、実にむなしいものである。

話し手は聞き手を見る

聞き手は話し手を見る

お互いを見ることで
プレゼンが
成り立つ

ここがポイント　耳だけでなく、顔も体も話し手に向ける。

第2章 ● 基本動作のポイント

51

うなずくこと

　話し手が行う問いかけ、呼びかけ、話しかけに対してうなずく。理解したら、うなずく。納得したら、うなずく。この動作は、話し手と聞き手とのコミュニケーションである。うなずきが話し手に与える効果は非常に大きい。

　聞き手がうなずくと、話し手はとても救われ、気持ちが落ち着いてくる。話し手の緊張感を和らげることに大きな効果がある。

**うなずきは
話し手との
コミュニケーション**

**ここが
ポイント**　聞き手のうなずきは、
話し手を安心させる。

反応すること

　笑顔になる、笑う、「えっ」と驚く、「へぇぇ」と感心する、「うわぁ」と喜ぶ。つまり、感情を表情や声で大げさなくらいに表すのである。このような目に見える聞き手の反応は、「あなたの話を聞いている」というメッセージとなる。話し手を励ます応援のエールにもなり、良いプレゼンテーションを引き出す効果がある。

聞き手の反応は
話し手への
エール

**ここが
ポイント**　聞き手が反応すればするほど、
話しやすくなる。

メモを取ること

　あなたの話に興味があるいう気持ちを示すボディランゲージが、メモを取るという動作である。あなたの話を聞いていますというポーズとなるので、特に、話し手が自分よりも上の立場の人であるならば、ウソでもメモを取ることを勧める。

　上司やお客様の話を聞くときにもメモを取るという行為は有効である。

聞き手の熱意の表れ

ここがポイント　メモは話を聞いていますというボディランゲージだ。

質問をすること

　質問をするということは、「わたしはあなたのプレゼンテーションを聞いていました」ということを話し手に伝える行為である。何かひとつは質問をしようという姿勢で話を聞いていると、プレゼンテーションに対する集中力も高まる。

　また、聞き手の方も質問をされることで、自分のプレゼンテーションがどの程度伝わったのか、どの点で説明が不足していたのか、聞き手はどの点に関心を持ったのか、などを知ることができる。

聞き手のプレゼン

1. 話し手を見る
2. うなずく
3. 反応する
4. メモを取る
5. 質問をする

ここがポイント　質問はプレゼンテーションを見直す材料となる。

10. 聞き手のタブー

聞き手がやってはならない基本動作もある。

足を組む

　足を組むという行為は相手に対して非常に失礼な態度であるだ。あなたが友人とおしゃべりをしているところに、学校の学長や会社の上司が入ってきて、あなたに話しかけたとする。そのとき、足を組んでいたあなたは、どうするか？常識ある者ならば、組んでいた足を下ろすし、立ち上がって答えるだろう。足を組むという行為が相手に対して失礼だということを知っているからだ。

足組みは失礼な態度

ここがポイント　足組みは相手に対して失礼な態度である。

腕を組む

　腕組みは、「お前のプレゼンを聞きたくない」というポーズである。会場の後ろの席をとり、足を組み、腕を組んでいたら、プレゼンテーションを拒否している姿勢だ。気持ちは見事に見た目に表れる。

腕組みは
拒否のポーズ

**ここが
ポイント**　腕を組むのは、「聞きたくない」という
　　　　　　　ポーズである。

後ろの席を使う

　腰掛けた座席の位置は聞き手の「聞く意欲」を表している。積極的に話を聞こうとしている人は、もちろん、話し手に近い前の席を使う。逆に、聞く意欲の低い人は、自然と後ろの席を選択する。意欲と積極性は座席の位置が示している。

後ろにいる人ほど
意欲がない

ここが
ポイント　後ろの席は、聞く意欲の低さを表している。

わかる！ 伝わる！ プレゼン力
Textbook for Presentation

第 3 章

内容の
ポイント

1. テーマを1つに絞る

　プレゼンテーションの内容作りで最も重要なことは、「結局、何を言いたいのか」を1つに絞ることである。これがプレゼンテーションのテーマになる。勘違いしてはいけない。言いたいことを1つに絞るということは、話題や題材を1つにするということではない。「何を言いたいのか」を1つにするということだ。

ありがちな迷惑スピーチ

今日はみなさんに3つのことをお話したいと思います

1つ目は……、2つ目は……、3つ目は……

いったい何が言いたいのか

考えてみよう　あなたは結局、一言で言うとしたら、何と言いたいのか？

1分のプレゼンテーションでも、1時間のプレゼンテーションでも、このポイントは同じだ。「何を言いたいのか」を1つに決めて、最初から最後まで一貫して話すのである。あれもこれもと関係のない話題を並べたてたのでは、言いたいことが伝わらない。

何を言いたいのか
それがテーマだ

**ここが
ポイント**　1つのテーマで
最初から最後まで一貫して話す。

自己紹介の場合のテーマ

　自己紹介の場合は、自分の特徴、売り、セールスポイント、印象付けたいことなどから、相手に伝えたいことを1つだけ決める。それが自己紹介のテーマとなる。何の関連もない話題を並べたてていたのでは、「何を言いたいのか」がわからない。

考えてみよう　結局、あなたは自分をどんな人だと伝えたいのか？

ここがポイント　あれこれと並べたのでは、伝わらない。

自己紹介で伝えるべきこと

　自己紹介では、聞き手はあなたがどんな人間なのかを知りたがっている。聞き手は、あなたがどんな人間であるかを語ってくれることを期待している。あなたの役割は、自分がどんな人間であるかを伝えることだ。
　あなたがまずやらなくてはな

らないことは、「自分をどんな人間であると伝えるのか」を考えることだ。自分は明るい性格の持ち主であることを伝えるのか、根性のあるへこたれない人間であることを伝えるのか、それが自己紹介のテーマになる。

> **ここがポイント**　聞き手はあなたがどんな人間なのかを知りたがっている。

2. 言いたいことより聞きたいこと

　聞き手は何を聞きたいと思っているのか？何を話せば興味を持ってもらえるのか？ただ自分が言いたいことを言うだけならば自己満足の演説だ。聞き手はわざわざ時間を割いて集まっている。いったい誰がつまらない話やくだらない話を聞きたいと思うだろうか。

自己満足のスピーチ

お門違いの自分勝手なスピーチは、ゴミと同じ

誰も望んでないし聞いてもいない

考えてみよう ｜ もしも、結婚披露宴のスピーチだったら、何を話すべきか？

　聞き手はあなたのために時間を割いているのだ。聞き手が求めているものは何か、聞き手が期待しているものは何か、聞きたいと思うものは何かを考えよう。

結婚披露宴でのスピーチならば、新郎新婦の人柄を具体的なエピソードと共に紹介する。それが、聞き手である参列者が聞きたいと思っていることだ。
　ちょっとした想像力さえあれば、聞き手の立場で考えられる。自分だって何度も聞き手を経験してきたはずだ。自分が話したいことではなく、聞き手が聞きたいと思うことは何だろうかと想像力を働かせて欲しい。自分が聞き手だったらどうだろうかと想像すればよいのである。

結婚披露宴のスピーチならば……

新郎新婦の人柄を

エピソードとともに……

出席者が聞きたいことを話す

ここがポイント　自分が聞き手だったらと想像する。

3. プレゼンの目的

　なぜ、資料を配布して「読んでおいて下さい」ではなく、人をわざわざ集めてプレゼンテーションするのか？を考えよう。時間を返せと言いたくなるような時間泥棒のプレゼンテーションには、ただ説明しているだけのプレゼンテーションが多い。説明をするだけならば、資料を配布すれば、それで済むのだ。なぜ、わざわざ人を集めるのか？

考えてみよう　なぜ資料配布ではなく、人を集めてプレゼンテーションをするのか？

ここがポイント　聞き手を動かすこと、それがプレゼンテーションの目的だ。

4. どうして欲しいのか？

あなたの話はわかった、だから何なの？

　結局、何が言いたいのかわからないというのは、聞き手が怒りたくなるプレゼンテーションの典型である。「プレゼンテーションとは、自分が

すすめようとするもののよさを訴え、相手に受け入れさせようとする説得行動です。しかし、よく見かける多くのプレゼンテーションが、自分がすすめたいものの説明をするだけで終わってしまいます。」（大畠常靖、通勤大学文庫『「話し方」の技術』総合法令出版 p.124）

　単に説明するだけでは、ただの説明会である。聞き手にどうして欲しいのか？それが重要なのだ。

プレゼンテーションは「だから何なのか？」に答える内容にせよ。言いたいことを話すだけなら、ただの自己満足の演説だ。聞き手は「だから何なのか？」と言いたくなる。聞き手にどうして欲しいのかまで、しっかりと述べなければならない。

　そもそもプレゼンテーションは、あることを相手に伝えようとする行

為だ。自分が推薦するもの、勧めるものを効果的に表現しようと努力する行為だ。苦労して説明をした後で、「あ、そう。よかったね。それで？」と言われないように、最後までしっかりと述べよう。

ここがポイント　聞き手にどうして欲しいのかまでしっかり述べる。

私にどうして欲しいのか？

　聞き手が最も知りたいことは、「私にどうして欲しいのか？」である。買ってもらいたいのか、聴いてもらいたいのか、食べてもらいたいのか、訪れてもらいたいのか、加入してもらいたいのか、試してもらいたいのか、がんばってもらいたいのか、協力してもらいたいのか、どうして欲しいのかを明確に述べなければならない。

●アーティスト紹介のプレゼンならば

　そのアーティストの出身がどうの、アルバム名がどうの、と説明したところで、聞き手にとっては何の興味もないアーティストの情報を無理やり聞かされているのである。まず、聞き手にどうして欲しいのかを考えよ。楽曲を聴いてもらいたいのならば、その楽曲がいかに良いのか、聴いたらどんなメリットがあるのかを述べて、聞き手が聴きたくなるように仕向けるのである。聴きたいと思わせればプレゼンテーションの成功である。

●観光地紹介のプレゼンならば

　「私はこの土地が好きです。行ってきました。楽しかったです」では、自己満足のプレゼンテーションであり、興味のない人にとっては、どうでもよい個人的な趣味を聞かされているだけだ。聞き手にどうしてもらいたいのかを考えよ。訪れてもらいたいと考えるなら、そこがどんなに良い所なのかを述べることはもちろん、訪れることで聞き手にどんなメリットがあるのかを説明すべきだ。

●商品紹介のプレゼンならば

　その商品がどんなに良い物なのか、その商品を使うとどんなに良いことがあるのか、他の商品にくらべてどんなメリットがあるのか、などをプレゼンテーションして、聞き手が「買ってみたい」という気持ちにさ

せるのだ。自分が聞き手だとしたら、何をどう説明してもらえば買う気になるのかを想像してみるとよい。

●映画紹介のプレゼンであれば

監督がどうの、俳優がどうの、脚本がどうのと映画の情報をいくら解説しても、その映画の面白さは伝わらない。聞き手にどうして欲しいのか？　自分が薦める映画を観て欲しいのならば、どこがどのように面白いのか、どこで上映しているのかなどを説明すべきである。聞き手が観に行きたいという気持ちになれば、成功である。

●グルメ紹介のプレゼンであれば

店のメニューを紹介したところで、聞き手はわざわざ時間を割いてまで食べに行きたいとは思わない。単に「美味しい」と言っただけで、美味しさが伝わるはずもない。聞き手に食べたいという気持ちにさせるためには、どのような内容をどのように表現したらよいのかを考えるべきである。

●研究発表のプレゼンであれば

自分の研究にはどのような意義があるのか、何を明らかにしようとしているのか、どのような点にオリジナリティがあるのか、どこまで明らかになったのか、などをプレゼンテーションして、聞き手が「高く評価したい」という気持ちになれば、成功だ。

5. アクションのための情報

　聞き手にどうして欲しいのかを伝えたならば、今度は具体的に実行するにはどうすればよいのかというアクションのための情報も与えなければならない。商品を買って欲しければ、価格はいくらなのか、どこで買えるのかを具体的に述べる。観光地を訪れて欲しければ、交通ルートや運賃を具体的に述べる。本気で聞き手を動かしたければ、何をどうしたらよいのかという具体的な情報まで述べるのである。

アクションに必要な情報も与える

ここがポイント 具体的に何をどうすればよいのかまで述べる。

6. 聞き手がその気になったか

　プレゼンテーションが成功したのか否かの判定は、簡単である。聞き手がその気になったのかどうかである。プレゼンテーションは、聞き手にどうして欲しいのかを伝えて、その気にさせるために行うのである。だから、聞き手がその気になれば成功であり、その気にならなければ失敗である。

　あなたにこんなメリットがある、良いことがある、得になるという

ことを強調しなければならない。メリットがなければ、人間は行きたくならないし、買いたくならないし、食べたくならないし、見たくならない。

聞き手がその気になれば成功

ここがポイント ｜ メリットを伝えなければ、その気にならない。

7. 聞き手になって見直せ

　入学式、卒業式、朝礼など、様々な行事のたびに何度も人のプレゼンを聞いてきたはずなのに、いざ自分がプレゼンをするときには、聞き手の気持ちをすっかり忘れている。もしも、自分が聞き手だとしたら、そのプレゼンを聞きたいと思うか？聞き手になって見直そう。

　これまであなたは、つまらないプレゼンや退屈なプレゼンを散々聞いてきた。十分に聞き手を経験してきた。聞き手の気持ちを知っているはずだ。

　プレゼンの準備ができたら、自分のプレゼンを見直してみよう。

本当に
聴きたい
プレゼンなのか？

ここがポイント　自分が聞き手だとしたら、そのプレゼンどうなんだ？

8. アイドマの法則

マーケティングの分野には、アイドマ（ＡＩＤＭＡ）の法則がある。

Attention（注意を向けさせる）
Interest（興味を持たせる）
Desire（欲しいと思わせる）
Memory（記憶させる）
Action（行動させる）

A　Attention（注意）
I　Interest（興味）
D　Desire（欲望）
M　Memory（記憶）
A　Action（行動）

その気にさせる法則

テレビＣＭの作り方は、アイドマの法則に則っている。その気にさせるという面では、プレゼンテーションもまったく同じではないか。

ここがポイント　最後には行動させる。

74

わかる！ 伝わる！ プレゼン力
Textbook for Presentation

第 4 章

構成の
ポイント

1. 入口、出口、そして道筋

どのように話し始めるのか？（←これが入口）どのようにまとめるのか？（←これが出口）そして、その間をどのように結ぶのか？（←これが道筋）の３部構成でプレゼンテーションの構成を考える。

カタログのように材料を並べただけでは、道筋はできない。伝えたいことを効果的に伝えるストーリーを作るのである。

何を話すのかを最初に言うべし（ここが入口）

入口では、挨拶、名前、目的を述べる。目的では、何について話すのかを述べる。それを聞いた聞き手はプレゼンテーションを聞く準備ができて、その後の話を理解しやすくなる。

「（挨拶）皆さん、こんにちは。（名前）私は○○です。（目的）本日は、□□についてプレゼンをします。」

そして、用意している導入部から入っていく。

一貫したテーマで話すべし（ここが道筋）

事前に出口での締めのフレーズを考えておく。そして、その出口に向かって道筋を作る。そうすれば、聞き手が「だから、何なんだ？」「どうして欲しいんだ？」という疑問を残すことがなくなる。

結局、聞き手にどうして欲しいのか？それを一言で表現できない場合、まだ内容が定まっていない証拠だ。まず、何を言いたいのかを考えよう。

「どうして欲しいのか」まで述べよ
（ここが出口）

出口でまとめとして話す内容を一言（40文字程度）で表現できるか？ それがプレゼンテーションのテーマであり、それが相手に伝えたい内容なのだ。

最後に締めで述べるフレーズをしっかり作って暗記しておくこと。どんなによいプレゼンテーションでも、最後がしまらないとグダグダになる。コツとして、「皆さん、ぜひ○○をしてください」の言葉で締めくくると聞き手に明確に伝わる。

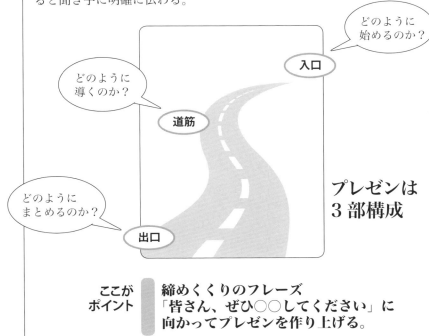

ここがポイント　締めくくりのフレーズ
「皆さん、ぜひ○○してください」に向かってプレゼンを作り上げる。

2. 入口で述べること

　結婚披露宴でのスピーチであっても、ゼミでの研究発表であっても、採用面接での課題発表であっても、どのようなプレゼンテーションであっても、最初に必ず言うべき3つの事がある。これさえ知っていれば、急にプレゼンテーションの機会が訪れてもあわてる必要はない。

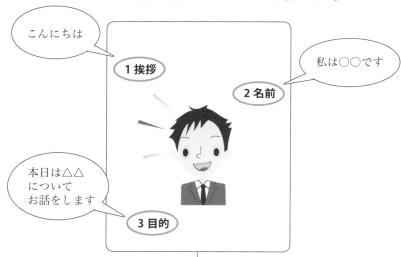

最初に言うべき3つのこと

　最初に言うべき3つのこととは、

[1] 挨拶－その場に相応しい挨拶をする。
[2] 名前－自分の名を名乗る。
[3] 目的－何を話すのかを述べる（タイトルに書く）。

これに続いて次の２点を付け加えて、プレゼンテーションの導入部をさらに効果的にする。
［４］言いたい事－どうして欲しいかを言う（サブタイトルに書く）。
［５］興味関心を引く具体的な話題からスタートする。

さらに２つで効果的

　［５］は、自分が見たこと、聞いたことなど身近な体験談から話を始めると、具体的でわかりやすい上、真実味が増す。実際のシーンが目に浮かぶようにスタートするのである。そして、その体験談のなかで自分が取り上げたテーマの重要性を強調して、聞き手にとっても身近なテーマであることを印象付けると、聞き手にとっての動機付けとなる。

3. 出口で述べること

　プレゼンテーションの入口で、「どうして欲しいのか」を述べる。そして、出口の締めくくりで、もう一度、ダメ押しで「どうして欲しいのか」を明確に言う。最初と最後に伝えたいことでサンドイッチにすることで、プレゼンテーションは一貫したテーマのまとまったものとなる。

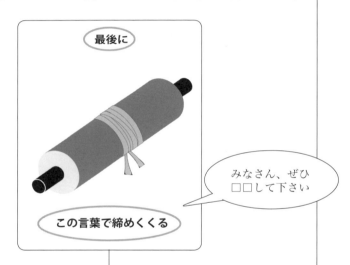

　最後に締めくくる言葉は、「みなさん、ぜひ◯◯して下さい」を使うと良い。実は、簡単なように見えるこの決めセリフを使うことは、これまで誰も教えることのなかっ

プレゼンテーションの極意

たプレゼンテーションの極意なのである。

> **ここがポイント**　「みなさん、ぜひ◯◯して下さい」の言葉で締めくくる。

プレゼンテーションの最後にだけ、取って付けたように「○○して下さい」の言葉を付け加えてもダメである。最初に、「○○して下さい」の締めくくり言葉を決める。そして、○○してもらうには、どのように説明したらよいのかを考える。そのための効果的な題材を探して内容を組み立てるのである。

　つまり、ゴール（出口）を先に定めてから、プロセス（入口と道筋）を作るのである。このように出口から逆に作っていくと説得力のあるプレゼンテーションができる。

どうして欲しいのか？

ゴール（出口）に向かってプレゼン

ここがポイント　まずゴール（出口）を決め、次にプロセス（入口と道筋）を作る。

4. 2枚目で決まる

　タイトルスライドの次に表示する2枚目のスライドは、プレゼンの良し悪しを左右する。プレゼンが始まったばかりの2枚目で興味を持ってもらえなかったら、その後の話は聞いてもらえない。プレゼンの成功は2枚目のスライドが重要なカギを握っている。重要なことは、2枚目で

具体的な話をすることである。体験談が一番よい。自分がいつどこでどんなことをしたのか、その時どうだったのかなど、自分が見たこと聞いたこと感じたことを話す。コツは、「私」を主語で話し始めることだ。ここで使うスライドの枚数は1枚、時間は1分以内である。

ここがポイント　「私」で具体的な話を始める。

5. タイトルスライドを最後に出す

「ご清聴ありがとうございました」のスライドで終わる。これは、プレゼンの最も悪い終わり方だ。それまでのプレゼンの努力を台無しにしてしまっている。最後に聞き手の目に残すべきもの、そして耳に残すべきものは、話し手がプレゼンで伝えようとしたメッセージである。

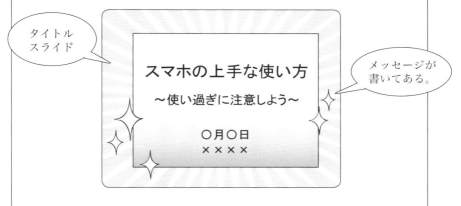

あなたは何のためにプレゼンをするのか。何を伝えようとしてプレゼンするのかを思い出そう。その伝えたいメッセージをサブタイトルに書いてあるはずだ。ならば、最後にタイトルスライドを出して、サブタイトルの言葉をもう一度言って、締めくくるべきである。そうすれば、あなたメッセージが、聞き手に必ず伝わる。

> **ここがポイント** 伝えたかったメッセージを表示して終わる。

6. サブタイトルで締めくくれ

　話し始めの導入部の練習を一生懸命したとしても、締めくくりの練習を忘れがちだ。終わりの印象は重要である。例え途中がグダグダでも、締めくくりをしっかりやれば形になる。ピーク（絶頂）とエンド（最後）の情報が印象を決定付けるというピークエンドの法則を応用しよう。

　終了時間になって、何となく終わるプレゼンでは、メッセージが効果的に伝わらない。終わり方にも基本がある。

　伝えたいことをサブタイトルに書いているはずだ。その言葉を最後にゆっくりと述べて終わるのである。

　プレゼンの最後にタイトルスライドを出す。そこには一番伝えたかったことがサブタイトルとして書かれている。トーンを落としてゆっくりと「本日は〇〇について説明しました。ぜひ△△してください」と締めくくる。これでプレゼンはエンド（最後）でちゃんと形になる。

> **ここがポイント**　最後に伝えたかった事をもう一度言う。

7. 内容・構成のタブー

説明をするだけのプレゼン

単にある事についての説明をするだけのプレゼンテーションは説明会プレゼンという。やってはいけないプレゼンの典型だ。説明をするだけならば、話し手はいらない。説明資料を配布すれば済むのである。

説明会という場でのプレゼンテーションでも同様である。どこがポイントなのか、どの部分に注意して欲しいのか、を伝えなければならない。聞き手にどうして欲しいのかを伝えないのであれば、わざわざ人を集めてプレゼンテーションをする意味がない。

言い訳で始まるプレゼン

プレゼンテーションに言い訳は不要である。話し始めたかと思えば本題に入る前にダラダラと長い前置きをするプレゼンテーションはアウトだ。テーマに無関係の前置きなど必要ない。時間の無駄使いである。聞き手は言い訳など聞きたくもない。持ち時間は、伝えたいことを効果的に伝えるために、使うべきである。

最初に目的を言わないプレゼン

挨拶をする、名を名乗る、目的を述べる。この３項目は、すべてのプレゼンテーションに共通である。特に、最初にプレゼンの目的、つまり、何を話すのかを言うことによって、聞き手は心の準備ができる。何を話しているのかわからないプレゼンテーションをダラダラ聞かされている

第４章●構成のポイント

85

聞き手には、ストレスが溜まるだけである。

▌何を言いたいのかわからない プレゼン

　どうして欲しいのかを明確に言わなければ、聞き手は「だから、何なのか？」「何が言いたいのか？」「私にどうして欲しいのか？」と不満が残る。この結論を言わないプレゼンテーションは時間泥棒である。

　最後に「皆さん、ぜひ、○○して下さい」の言葉で締めくくるとよい。この言葉こそが伝えなければならない「言いたいこと」である。

1　説明をするだけの
　プレゼン
2　長い前置き
　・言い訳で始まる
　プレゼン
3　最初に目的を
　言わないプレゼン
4　どうして欲しいか
　言わない
　プレゼン

こんなプレゼンは
NG だ

8. 自己紹介の失敗パターン

　結局、あなたはどんな人なのか？ それを知らせることが自己紹介である。ありがちな失敗パターンを紹介しよう。

カタログ型

　出身は○○県です。バイトは○○をやっています。趣味は○○です。○○に住んでいます。と、まるでカタログのように自分の情報をただ並べただけの自己紹介は、与えられたせっかくのチャンスを活かせなかった典型的な失敗例だ。

的外れ型

　出身を話したら、出身地のことばかりを説明する。バイトを話したら、

バイトの内容ばかりを説明する。趣味を話したら、趣味のことばかりを説明する。聞き手はあなたのことを知りたいのである。自分のことを話すべきである。

退屈型

　言葉上の説明だけで、情景が浮かばない。具体的なことがわからない。臨場感もなく単に作文を聞いているようだ。面白みもなく、興味もわかなくて、話の中に入り込めない。話し手に伝えようという熱意がないから、このようなプレゼンテーションになるのだろう。

　何がどんなふうに、どうなったんだ？　聞き手が今そこにいて、まさにその情景を見ているように生き生きと表現しなければならない。

自己紹介の失敗パターン

1　カタログ型

2　的外れ型

3　退屈型

9. 自己紹介サンプル

1分間を使った自己紹介の例です。

［入口］

こんにちは。私の名前は、佐藤です。自己紹介をさせていただきます。佐藤、鈴木は馬のクソと言うほどありふれた名前です。でも、私自身は名前ほど平凡な人間ではないことを、ぜひ知っていただきたいと思います。

［道筋］

大学では、合気道部に所属していました。合気道は護身術の武道なのですが、腐っても体育会系です。月曜から土曜まで毎日、道場で苦しい練習がありました。毎日、授業が終わると道場へ行き、投げられては起き上がり、投げられては起き上がり、を繰り返しているうちに4年が経過していました。おかげで私には根性だけは付きました。

［出口］

この根性で、これから馬のクソから、せめてニンジンくらいはなれるように、がんばりたいと思っています。名前ほど平凡ではない佐藤を、どうぞよろしくお願いします。

●解説

［1］テーマを1つに絞る。
名前ほど平凡な人間ではないことを伝えようとしている。
［2］題材を選ぶ。
合気道部での練習で根性が付いたということを述べている。
［3］ビジュアルに
「投げられては起き上がり、投げられては起き上がり」という表現で、シーンが目に見えるように伝えている。単に「毎日、練習をしました」では、聞き手に情景が浮かばない。
［4］前振りで出した話題を締めくくりで持ち出している。
はじめに出した「馬のクソ」を最後でもう一度持ち出して締めくくっている。こうすると、聞き手は1つのまとまった話を聞いたような印象を持つ。

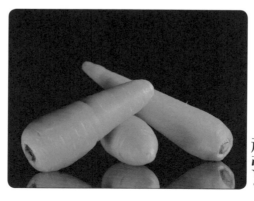

ニンジンになるまで頑張る

わかる！ 伝わる！ プレゼン力
Textbook for Presentation

第 5 章

表現の
ポイント

1. 呼びかける

　何度か「みなさん」と呼びかけて注意を喚起する。人間は呼びかけられると、呼んだ人を見る習性がある。この習性を利用して、「みなさんは」「みなさんの」「みなさんが」「みなさんに」という言葉を使うと聞き手の注意をこちらに向けることができる。

人は
呼びかけられると
注目する

**ここが
ポイント**　ところどころで「みなさん」の言葉を使う。

2. 言い切る

　短い文章で言い切る。長い文章をダラダラ述べると伝わらない。「○○でして、○○かもしれないし、○○ということもあり、……」よりも、「××です。それは、○○だからです」の方がストレートに伝わる。

　ポイントとなる内容や、重要な内容ほど短い文章で言い切るべし。短い方がわかりやすい、話す本人も暗記しやすい。

ああだ、こうだ、なんだら、かんだら、うだうだ、だらだら……

「無能な奴ほど話が長い」
ビジネス格言

ここがポイント 文章は短く、語尾は言い切る。

第5章●プレゼンのイロハ

3. ビジュアルに言う

　情景が目に浮かぶように表現する。この心がけが具体的な表現を生む。情景が浮かぶようなプレゼンテーションは印象に残る。聞き手がその場にいるように、そして映画のスクリーンを見ているように、表現することが肝心だ。言葉上での表現よりも、頭の中にイメージとして描かれた情景の方が記憶に残るのである。

　ビジュアルに表現するコツを、いくつか紹介する。

具体的な例を出す

　単に「面白いです」「楽しいです」「好きです」では伝わらない。具体例を挙げて説明する。

［悪い例］評判が良くて、とても人気のある店です。

［良い例］いつも店の前に10人以上のお客さんが待っているほどです。

情景を描写する

　そのときのことを再現させるかのように、聞き手の頭の中に情景がイメージになって浮かぶように状況を描写する。

［悪い例］プレゼントをもらった彼女はとても喜びました。

［良い例］プレゼントを渡すと、彼女は自分の胸に押し当ててニッコリと微笑みました。

発言を再現する

会話の言葉や発した言葉をそのまま再現して述べる。
［悪い例］父に強く反対されてしまいました。
［良い例］父はこう言ったのです。「絶対に許さん」

擬音語、擬態語を使う

擬音語や擬態語は表現を生き生きとさせる。
［悪い例］ビールを飲みました。
［良い例］ビールをゴクゴクと飲み干しました。

情景が浮かぶように表現

4. オノマトペで生き生きと

　オノマトペとは、擬音語、擬態語である。オノマトペを使うと表現が生き生きとしてくる。「星が光っていました」と言うよりも「星がキラキラと輝いていました」と言った方が、情景が見えてくる。オノマトペを上手に使って表現しよう。

　聞き手の頭の中にイメージができなければ伝わらない。そんなとき、オノマトペは有効だ。「心臓がドキドキした」「しーんと静まり返った」「目がギラギラしていた」「お腹がぺこぺこだった」。オノマトペには聞き手

に情景を見えるようにする効果がある。ただし、プレゼンでは意識しないとオノマトペをなかなか使えない。準備の段階で、どこでどのように使うのか練習しておこう。

ここがポイント 擬音語、擬態語で情景を描く。

5. 程度を伝える

　あいまいな抽象的な表現では、伝わらないばかりか、相手を退屈にさせ眠くさせる。「大変」ならば、どのくらい「大変」なのか？「好き」ならば、どのくらい「好き」なのか、その程度を具体的に表現して、聞き手に実感させよ。

［悪い例］私はお菓子作りがとても好きです。

［良い例］私はお菓子作りを始めると夢中になってしまいます。いつの間にか朝になっていたということもよくあります。

朝まで夢中で作っちゃうくらい好きです

好きならば、どのくらい好きなのかを具体的に

第5章●プレゼンのイロハ

97

6. 相手にわかる言葉で

　聞き手にわかる言葉で話すべし。
　わからない用語を使うのは、伝えようという気持ちがない証拠だ。話し手本位のプレゼンテーションは失格である。聞き手の知識を考えよ。特に専門用語は要注意だ。どのような人たちが聞き手なのかは、事前の準備を行う段階で把握しておかなければならない。

［悪い例］ブロードバンド回線が普及しました。
［良い例］光回線などの高速の回線、いわゆるブロードバンド回線が普及しました。

聞き手の知識を考えて話す

7. 沈黙による強調

強調したい言葉の前でわざと1秒の沈黙を作る。聞き手が次の言葉は何だろうかと注目したところで、聞き手の方をしっかりと見ながら、続きの言葉をゆっくり、はっきりと言う。こうすると間を置いたことで、次に続く言葉が強調されるのである。

強調したい言葉を言い切った後にも、1秒の沈黙を置く。すると、さらに強調が効果的になる。

プレゼンを成功させるために一番重要なことは……

「………………………………………………………。」

沈黙

準備と練習なのです

沈黙すると人々は注目する

ここが
ポイント

強調したい言葉の前後で、1秒の間を置く。

8. スライドの接続詞

　スライドを切り替えるときに沈黙して流れを止めるな。黙ってスライドを交換すると、説明のリズムを崩すシラけた間ができる。無駄な間ができることで、せっかくの流れが止まってしまうのである。
無言のまま、スライドを切り替えるのではなく、

　「さて、これによってどんな影響があるかと言うと」と言いながら次のスライドを表示すると流れがよくなる。

黙って切り替える
間の悪さ
（悪い例）

聞き手の興味をつなげるように、次のスライドにつなげる言葉を述べながら切り替えるのである。聞き手は、期待や予想をしながら次に現われるスライドを待つことができる。

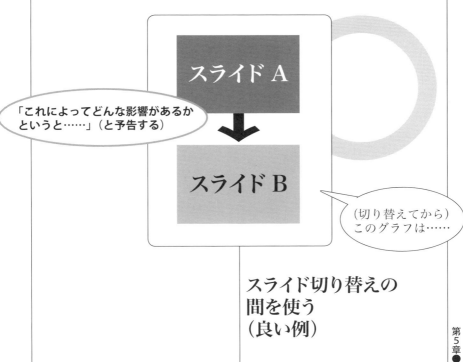

スライド切り替えの
間を使う
（良い例）

**ここが
ポイント**　次のスライドにつなげる言葉を
述べながら、スライドを切り替える。

9. 上達への近道

　人のプレゼンテーションをよく見る。そして、どこが良いのか、どこが悪いのかを具体的に考える。この繰り返しは、自分のプレゼを上達させる方法である。「わかりやすい説明だった」とか「つまらなかった」とか言っているうちは、あなたのプレゼンテーションはまだまだである。

　人のプレゼンテーションを見て、なぜ良かったのか、どこが悪かったのかを具体的に言えるようになることが重要である。良いプレゼンでも悪いプレゼンでも勉強になる。そして、良かった点を見つけたら、真似して取り入れよう。

どこが良いのかどこが悪いのか考える。

〇〇を△口みたいにするとすごくわかりやすいのか！

ここがポイント　人のプレゼン、よく見て、学べ。

10. スベっても進め

「○○を知っていますか？」とかプレゼンの中で聞き手に問いかけることは効果的である。問いかけられると、聞き手は話し手を見る。でも、問いかけに対して、聞き手が反応するとは限らない。話し手が緊張していると場が固くなっているので、余計に聞き手の反応が薄くなる。

慣れないギャグも危ない。

問いかけに聞き手が反応しないと、変な空気になったりする。すると、ますます緊張して、その後の調子も悪くなる。

初心者にとっては、慣れないギャグも危険だ。ウケないとペースが狂って、グダグダになってしまう。

もしも、問いかけに対して聞き手が無反応であっても、構わずに進めよう。反応がなかったとしても、困った顔をせずに、自分が準備した通りに続けるのである。

| ここがポイント | 聞き手が反応しなくても気にせず進める。 |

11. 表現のタブー

　友達同士のおしゃべりとプレゼンテーションとは異なる。聞き手にとって耳障りな話し方は、内容に集中してもらえずマイナスとなるのだ。無理に格式ばった話し方をする必要はない。お国なまりもOKだ。ありのままの自分で丁寧に話せばよい。それだけに日常会話で改善していないと、緊張する本番では思わず地が出てしまうのである。

耳障りな話し方は、マイナス

> **ここがポイント**　耳障りな話し方は、日常会話の中から改善する。

わかる！ 伝わる！ プレゼン力
Textbook for Presentation

第 6 章

スライド
作りの
ポイント

1. スライドはフリップだ

　プレゼン会場で聞き手の位置から見えているスクリーンの大きさと、自宅で見ているテレビ画面の大きさが、ほとんど同じだということに気が付いて欲しい。スライド画面の縦横サイズの比率も、テレビ画面に似通っている。つまり、テレビ番組で出されるフリップは、まさにスライドそのものなのだ。フリップはプロがわかりやすくデザインしている。大いに参考にしよう。

TVのフリップは
スライドの
よい見本

ここがポイント テレビ番組のフリップのデザインを参考にしよう。

2. 配付資料とは別物

　スライドと配布資料とは異なる。スライドはプレゼンテーションの内容を伝わりやすくするためのものであって、聞き手が持ち帰ってじっくり読むことを前提としたものではない。スライドには話の流れと要点がわかるように書き込む。つまり、プレゼンテーションとスライドとは一体なのだ。スライドは何よりも自分がプレゼンしやすく作るのである。

聞き手が読むためのもの

話し手が使うためのもの

スライドと配付資料とは異なる

ここがポイント　配布資料は聞き手のためのもの。スライドは話し手のためのもの。

第6章●スライド作りのポイント

3. 読ませるな、見せろ

　スライドは読ませるものではない。見せるものである。パッと見ただけで、何が書いてあるのかわかるようにデザインする。表示して、「1・2・3」と数えた3秒で内容を把握できるように作るのである。

　3秒で内容が把握できるようにするためには、シンプルにビジュアルにデザインする。そして、項目だけでなく、要点（ポイント）も一緒にスライドの中に簡潔に書き込んでおく。

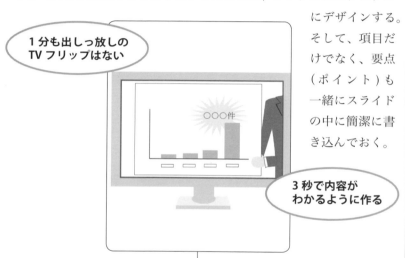

1分も出しっ放しのTVフリップはない

3秒で内容がわかるように作る

TVのフリップの大映しは短時間

ここがポイント 　3秒で内容が把握できるようにデザインする。

4. 適切なスライド枚数

　用意するスライド枚数は、1分間で1枚が目安である。持ち時間が10分ならば、10枚のスライドが適切な枚数だ。表紙と目次ページは、これとは別にカウントしてよい。

　聞き手が1枚のスライドの説明に集中できるのは、せいぜい1分程度と覚えておこう。プレゼンテーションのリズムとしては、1分間で1枚のスライドというペースが聞き手にとってもちょうどよいのだ。

聞き手の集中は
1枚に1分が
限度

**ここが
ポイント**　1分間で1枚のスライドが最適のペース。

5. サブタイトルを必ず使え

　よいプレゼンテーションにするためのコツは、表紙に副題（サブタイトル）を必ず付けるということだ。伝えたい事を一言で書いたら何か？その一言を副題（サブタイトル）にするのである。

　ひと言だけ伝えるとしたら、すなわち、それは聞き手に「どうして欲しいのか」である。聞き手に「どうして欲しいのか」が明確になっていない場合は、もう一度、内容から考え直す必要がある。まだスライドを作る段階ではない。

```
○○○の□□□について
　―△△△を☆☆☆しよう―
```

聞き手に
どうして欲しいのかを
サブタイトルに書く
これが
「言いたいこと」だ

ひと言だけ
伝えるとしたら
何と書くか？

ここがポイント　「どうして欲しいのか」をサブタイトルにする。

6. 最後のスライドにも書け

　表紙の副題（サブタイトル）に聞き手に「どうして欲しいのか」を一言で書いたはずだ。その言葉を最後のスライドにも書く。そして、締めくくりのフレーズで「ぜひ、○○してください」と強調する。

　伝えたかった言葉を最終スライドで表示して、ダメ押しをせよ。

　最終スライドは、表紙、すなわちタイトルスライドで代用してもよい。

タイトルスライドには、サブタイトルが書かれている。

△△△を
☆☆☆しよう

聞き手に
どうして欲しいのかを
最後のスライドにも書く
この言葉で
締めくくる

最後のスライドに
はっきり書く

**ここが
ポイント**　「どうして欲しいのか」を
最後のスライドにも書く。

111

第6章●スライド作りのポイント

7. 項目と要点を書く

　スライドには、話す内容の項目と要点（ポイント）を話す順に書くべし。パッと見ただけで、何を話そうとしているのかが項目でわかり、要点（ポイント）で内容がわかるように作る。

> **いい男の三条件**
>
> **1. よく食べること**
>
> **2. 教養があること**
>
> **3. 心が広いこと**

ダメスライド例

ここが
ダメ　**聞き手には内容がわからない。
話し手にとっても、
話す内容の暗記量が多くなる。**

その項目を説明するときに忘れてならない要点（ポイント）も一緒にスライドに書き込んでおく。そうすれば、プレゼンをするときも、あれこれと暗記しなくてもよくなる。余計な暗記をしなくていいように作れば、聞き手にもわかりやすいスライドとなる。

　自分のプレゼンが楽になるように作ることがコツだ。

いい男の三条件

1. よく食べること

食べる男は、生きる活力に満ちている

2. 教養があること

教養は最高の香水である。

3. 心が広いこと

短気な男、すぐ怒る男は、不幸を呼ぶ

グッドスライド例

ここがポイント　　要点（ポイント）を書き込めば内容がわかる。暗記も減る。

8. キーワードを書き込め

　言わなくちゃいけないこと、話そうと思っていたことを言い忘れた。前の日から一生懸命に暗記していたのに、緊張して言えなかった。これはありがちな失敗だ。この失敗は簡単に防げる。

　言い忘れちゃいけないことは、キーワードでスライドに書き込む。そして、スライドを確認しながら説明するのである。キーワードを確認するときには、スライド上を指し示してもいい。こうすれば言い忘れることがない。むやみに暗記しなくてもいいのだ。

　ただし、説明文をスライドにそのまま書いてはいけない。文章で書いたら、スライドが説明資料になってしまう。文章ではなくキーワードで書き込もう。

ここがポイント　スライドに書けば、忘れない。

9. スライドに語らせる

　図だけ、表だけ、グラフだけ、写真だけのスライドは、ＮＧである。何を言いたいのかを書き込もう。何を言いたいのかを口頭の説明で補うのではなく、最初からスライドに書いておくのだ。スライドのタイトルに

しても良いし、スライドの中に書いていても良い。

　そのスライドで何を伝えたいのか？ スライドに書いてあり、それを話し手が述べるから、聞き手に確実に伝わる。

　「このスライドで伝えたい事」は、短く簡潔に表現する。２行に渡る文章はアウトだ。読ませるスライドは嫌われる。見せるスライドにしよう。

> **ここがポイント**　何を言いたいのかをスライドに書く。

10. 文章をダラダラ書かない

　スライドのスペースには限りがある。多くの文字があると、読まなければならないスライドになる。一目でわかるスライドにするには、原則として、項目は文章にしない。数行に渡る文章はアウトだ。内容を整理して短く、端的に表現する。スライドは配布資料とは異なることを思い出そう。

　　プレゼンテーションとは、口先の話術の技術ではない。基本動作や内容・構成、スライドなどの総合力である。その中でも立ち姿勢をはじめとする基本動作は、口先ではなく全身に関わっている。練習を今日やれば明日には身に付くというものではない。だから、本気になっていない者は、継続した練習ができず、結局実践もできない。適当にやっていても無駄なのである。

ダメスライド例

ここがダメ 文章ばかりで聞き手は読む気にならない。

内容を整理し、項目と要点（ポイント）で構成させる。3秒で把握できるようにデザインする。聞き手にとってわかりやすいだけでなく、話し手にとっても説明がしやすい。

1. プレゼンテーションは総合力

基本動作、内容・構成、スライド≠口先の話術

2. 基本動作は1日にしてならず

姿勢、目線、声、表情、外見←全身に関わる

3. 意識が上達のカギ

本気の取り組み→継続した練習→実践が可能
適当な取り組み→身に付かず→時間の無駄

グッドスライド例

ここが
ポイント　項目と要点（ポイント）に
整理する。

11. 1スライドに 8行まで

　文字がタイトルを含めて8行を超えて書いているスライドは、情報過多である。多くても10行までにまとめる。スライドは配布資料ではなく表示資料だ。プレゼンテーションの理解を助けるものがスライドである。読み込まなければならないスライドは、理解を助けるどころか、聞き手の負担になるだけである。

　どうしても情報が多くなってしまう場合は、スライドを2枚に分けよう。

自転車の安全ルールを守ろう

携帯電話を使用しながらの運転
（通話もメールも）

▼

5万円以下の罰金

東京都道路交通規則の改正
（平成21年7月1日施行）

グッドスライド例

**ここが
ポイント** ｜ 内容を整理して、
端的に表現する。

12. タイトルも重要な1行

　スライドに書き込める文字数には限りがある。効果的に、かつ自分が説明しやすく作るために、スライドのタイトルにもこだわれ。たくさんの行数を書き込めないスライドだからこそ、タイトル行も情報のひとつとして有効に使うのである。そして、タイトルの表現は、プレゼンテーションのときに、実際に自分が述べる予定の言葉を使うとよい。そうすれば、スライドを表示したときに、話しやすくなる。

目次
●
情報セキュリティとは
ネットワーク利用のルール
事故発生時の対応

改善前のスライド

ここが
ダメ 目次ページのタイトルが
「目次」では工夫がない。

第6章●スライド作りのポイント

119

例えば、目次のスライドを表示した時に自分が何と言うのかを考えてみるとよい。

　目次スライドを「これからお話したいのは次の項目です」と言って表示するつもりならば、自分が説明しやすいようにスライドのタイトルに「これからお話しすること」と付けるべきである。

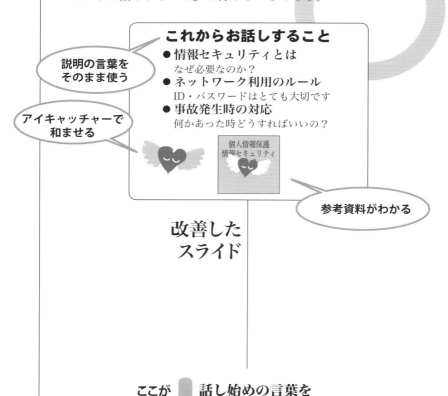

改善したスライド

ここがポイント　話し始めの言葉をスライドのタイトルに使え。

13. 適切な文字サイズ

　文字サイズは大きくしよう。スライドを作成しているときには、パソコン画面が目の前にある。しかし、本番の会場では、聞き手とスクリーンや大型モニタとは離れている。遠くから画面を見ることを想定して、文字は大きめに設定しよう。

　文字サイズは少なくとも 32 ポイント以上にするとよい。32 ポイント

> **彼女が喜ぶデートランキング**
> 　　1 位　　季節のイベント
> 　　2 位　　水族館
> 　　3 位　　ドライブ
> 　　4 位　　映画館
> 　　5 位　　テーマパーク
> 　　6 位　　カフェ・喫茶店
> 　　7 位　　レストラン・バー
> 　　8 位　　動物園
> 　　　　　　　　　　出所：All About

文字サイズは
32 ポイント以上

32 ポイントでも
8 行書ける

ならば、スライドのタイトル行を除いて、8 行を入力することができる。

文字は大きく

ここがポイント　文字サイズは遠くから見ることを想定して大きくする。

第 6 章●スライド作りのポイント

121

14. 上手に飾れ、
自分らしく

アイキャッチャーは聞き手の心を和ませる効果がある。小さなワンポイントのイラストを効果的に使おう。でも、大き過ぎるアイキャッチャーや内容とは無関係のアイキャッチャーは逆効果である。アイキャッチャーとは、心を和ませるちょっとした飾りなのである。

彼女が喜ぶデートランキング

1位　季節のイベント
2位　水族館
3位　ドライブ
4位　映画館
5位　テーマパーク
6位　カフェ・喫茶店
7位　レストラン・バー
8位　動物園

出所：All About

これがアイキャッチャー

アイキャッチャー
の例

**ここが
ポイント**　ワンポイントを入れて和ませよ。

122

15. 遠目でチェック

　パソコンでスライドを作成するときは、すぐ目の前に画面がある。小さい字も読めるだろう。薄い色も見えるだろう。でも、プレゼンの会場では、聞き手はプロジェクターに投影されたスクリーンを離れた位置から見ることになる。画面の明るさも違う。

　電子スライドが出来たら、遠目で引いてチェックしよう。小さな字を詰め込んでないか？字が背景に溶け込んでないか？

文字の大きさや色をチェック

ここがポイント　聞き手になって、遠くからスライドを見てみよう。

第6章●スライド作りのポイント

16. 何度も練習して改善する

　スライドは自分のプレゼンテーションを補助しなければ意味がない。説明しにくいスライドは自分のプレゼンテーションと一体化していない証拠だ。何度も時計で時間を計りながら練習しよう。もしも、リハーサルをしていて言葉に詰まったならば、次に何を話せばよいのかがわかるようにスライドを改善しよう。

リハをすれば改善点が見つかる

> **ここが ポイント** リハーサルで説明しにくいスライドをチェックする。

わかる！ 伝わる！ プレゼン力
Textbook for Presentation

第 **7** 章

スライド
表現の
ポイント

1. 画像で上手に イメージ化

　あることを伝えたり、理解させる方法に三現主義という考え方がある。三現とは、現場、現実、現物の頭文字を取ったもので、言葉だけでの抽象的な説明よりも、現場を見せる、現実を見せる、現物を見せるという方法の方が、はるかに伝わるということを意味している。

> 冷たくて甘い
>
> バニラ味の
>
> ソフトクリーム

✕ ダメスライド例

ここが ダメ 文字だけではイメージできない。

新聞上で上手に描写した記事は読者の想像力をかきたてることになるだろう。しかし、写真が掲載されていれば、言葉以上により正確に伝えることができよう。さらに、映像が加われば、燃え上がる炎から、火災の勢いも知ることができる。熱で溶けたガラス片の現物を見せられれば、熱さも実感できる。現場、現実、現物は、伝えるための重要な考え方だ。

バニラ味

冷たくて甘い

ソフトクリーム

グッドスライド例

　写真を使うことによって、伝わり方がまったく違う。現物のサンプルを持ってきて見せることも効果的だ。三現主義を考えながら、伝わるプレゼンテーションを作ろう。

**ここが
ポイント**　**文字だけでの説明より、
画像の方が勝る。**

第7章●スライド表現のポイント

127

2. グラフで上手にイメージ化

　数値はグラフ化することで視覚的に理解できるようになる。これを「見える化」または可視化という。イメージで伝えるのである。サイズ、量、時間、などの数値はグラフにすると、直感的に理解できるようになる。大きさを比較した説明をしたい場合、割合を説明したい場合、数量の推移を説明したい場合など、グラフを利用すると有効である。

●**数量の比較ならば**
棒グラフが適している。

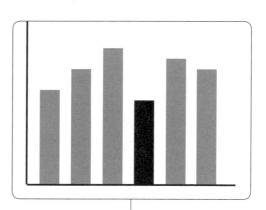

数量の比較には
棒グラフ

ここがポイント　比較はグラフにするとわかりやすい。

●**数量の推移ならば**
　折れ線グラフや棒グラフが適している。
●**大きさの割合ならば**
　構成円グラフや構成棒グラフが適している。
　グラフ化した時に重要なことは、説明したい部分をグラフの中で強調しておくことである。

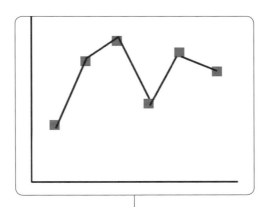

数値の推移には
折れ線グラフ

ここが
ポイント　変化はグラフにすると
　　　　　わかりやすい。

3. 図式で上手に イメージ化

　手順、情報の流れ、状態の推移、因果関係、包含関係などは、図式でイメージ化するとわかりやすくなる。聞き手は配布資料だったら読んでくれても、表示する資料は読んではくれない。

　表示するスライドでは、文章を避けて図式で伝えよう。

> 親等は、親族間の世代数を数えて、これを定める。
>
> 傍系親族の親等を定めるには、その一人又はその配偶者から同一の祖先にさかのぼり、その祖先から他の一人に下るまでの世代数による。
>
> 出典：民法第726条（親等の計算）

ダメスライド例

ここがダメ 文章だらけでは読む気がしない。

図式でイメージ化すると、ひと目でわかる。親等の数え方も、民法の条文よりも図式の方がはるかに伝わる。

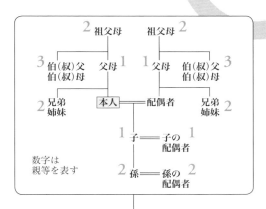

グッドスライド例

ここがポイント 文章よりも図の方がよくわかる。

4. グラフ選び

　プレゼンではグラフで表現すると効果的である。でも、グラフ種の選択を間違えていると、プレゼンの価値がガクンと落ちてしまう。適切なグラフ種を選びたいものである。特に、棒グラフと線グラフの選択は、間違えやすいので気をつけよう。

　棒グラフは、整数値のデータに使う。単位が人数、個数、金額などの場

合、データは整数値になる。これに対して、線グラフは連続的に変化するデータに使う。高齢化率や株価、気温などは、連続的に変化する。だから、線でつなぐことに意味があるのである。データが小数点以下の数値をとることも特徴だ。

> **ここが　　連続的に変化するデータならば
> ポイント　　折れ線グラフを使う。**

5. 表グラフの タイトルで語れ

　表のタイトルやグラフのタイトルも、スライドの中では重要な要素である。ただ単に「○○の比較」「○○の推移」というタイトルは、限られたスライドのスペースを無駄に使っている。「だから何なのか？」をタイトルにしよう。

　何の表であるのか、何のグラフであるのかを、タイトルにいちいち書

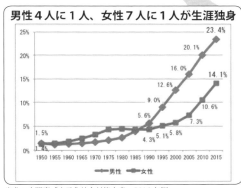

出典：内閣府「少子化社会対策白書」2016年版

く必要はない。その表やグラフによって何がわかるのかをタイトルにするのである。その言葉は、表やグラフのタイトルとして書いてもよいし、そのスライドの下部に書いてもよい。

> **ここがポイント**　表やグラフで述べたいことをタイトルにする。

6. 文字の強調でメリハリ

　特に説明したい部分は、スライド作りの段階で強調してメリハリを付けておく。そうすると説明の流れを作りやすくなるし、聞き手にとっても何を伝えようとしているスライドなのかを理解しやすくなる。

サイズ、字体、色を変える

・文字サイズを大きくする
・字体を変える（斜体、太文字、ゴシックなどに）
・文字に色を付ける。

> 文字サイズを大きくする
>
> 字体を変える
> （*斜体*、**太文字**、**ゴシック**）
>
> 文字に色を付ける

文字サイズ、
字体、
色を変える

文字を飾る

文字を飾る方法もいくつかある。

・囲み文字、下線付きにする。
・白抜き文字にする。
・行頭文字を付ける。
・矢印で指す。

囲み文字 にする
下線付きにする
白抜き文字 にする
◆ 行頭文字を付ける
→ 矢印で指す

文字を飾る

7. 数字は大きく 単位は小さく

　スライド上に数量や数値を表すときには、数字と単位の文字サイズにメリハリをつけるとよい。チラシや広告の数字を観察してみよう。デザインのプロも「数字を大きく、単位を小さく」している。これは私たちにも真似ができるテクニックである。

　金額、パーセント、回数、人数、重さ、点数、順位、などは、「数字を大きく、単位を小さく」で表記しよう。この工夫は、表やグラフの中の文字も同じである。

98円　98%　98回　98人

▼
▼
▼
▼

98円　98%　98回　98人

数字と単位の例

**ここが
ポイント**　数字と単位の文字サイズに
メリハリをつける。

8. 表を描くコツ

●表の項目行を強調する
表の第1行目の項目行は、第2行目以降とはっきりわけるように、文字フォントや網掛け（スクリーントーン）などで強調する。

●適切な列幅にする
幅が広すぎる列は、適切な幅に調整する。

●行が多い場合は網掛けを使う
1行おきに薄い網掛けや淡い色を付けると見やすくなる。

ファッション・ブランド			
エルメス	フランス	ティエリー・エルメス	1837年
ルイ・ヴィトン	フランス	ルイ・ヴィトン	1854年
バーバリー	イギリス	トーマス・バーバリー	1856年
シャネル	フランス	ココ・シャネル	1910年
プラダ	イタリア	マリオ・プラダ	1913年
グッチ	イタリア	グッチオ・グッチ	1922年
コーチ	アメリカ	皮革製品メーカー	1941年
クリスチャン・ディオール	フランス	クリスチャン・ディオール	1946年

ダメスライド例

ここがダメ 表にメリハリがなく、どこを説明したいのかがわからない。

●説明したい部分の色を変える

説明したい部分を文字色や背景色で強調しておく。

●数字は右揃え、文字は左揃え

表の数字や文字に中央揃えは原則として使わない。

● No 欄を入れる

項目がいくつあるのかが一目でわかるように、No 欄を入れる。

No を入れた

項目行を強調した

コーチは米国発のファッション・ブランド

No	ブランド名	国名	創業者	創業年
1	エルメス	フランス	ティエリー・エルメス	1837 年
2	ルイ・ヴィトン	フランス	ルイ・ヴィトン	1854 年
3	バーバリー	イギリス	トーマス・バーバリー	1856 年
4	シャネル	フランス	ココ・シャネル	1910 年
5	プラダ	イタリア	マリオ・プラダ	1913 年
6	グッチ	イタリア	グッチオ・グッチ	1922 年
7	コーチ	アメリカ	皮革製品メーカー	1941 年
8	クリスチャン・ディオール	フランス	クリスチャン・ディオール	1946 年

網掛けを入れた

説明部分を強調した

グッドスライド例

ここが
ポイント

表を見やすくして、説明部分を
強調する。

9. 棒グラフを描くコツ

● **大きい順に並べる**
数値の大小を比較する棒グラフの場合は、数値の大きい順に並べる。

● **背景色を白色か淡色にする**
グラフの棒を際立たせるために、背景色は白色か淡い色にする。

● **説明したい部分の色を変える**
説明しようとしている部分を色などで強調しておく。

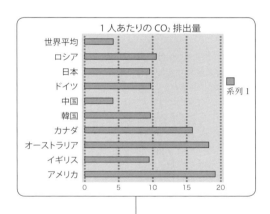

ダメスライド例

ここがダメ　グラフにメリハリがなく、どこを説明したいのかがわからない。

● 数値（ラベル）を入れる
グラフに数値（ラベル）を入れて、わかりやすくする。

● 数値の単位を入れる
グラフで用いられている数値の単位を入れる。

● 出典を入れる
グラフのデータの出典を明記する。

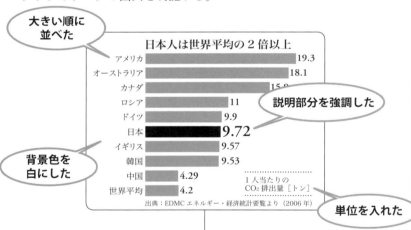

グッドスライド例

ここがポイント グラフを見やすくして、説明部分を強調する。

10. 折れ線グラフを描くコツ

●**縦軸のスケールを適切にする**

縦軸の最大値が大き過ぎるとグラフの変化が目立たなくなる。データのピークがちょうど収まるくらいにする。

●**プロット（点）を大きくする**

プロット（点）は大きくした方が見やすくなる。

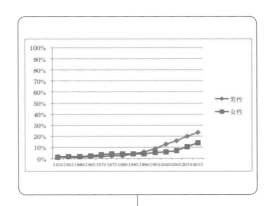

ダメスライド例

ここがダメ｜変化が目立たなく、数値もわかりにくい。

●**データラベル（数値）を入れる**
データの大きさが明確になる。
●**説明したい部分の数値を目立たせる**
説明しようとしている部分の数値のサイズを大きくするなどして目立たせる。

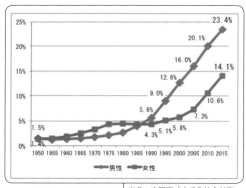

出典：内閣府「少子化社会対策白書」2016年版

グッドスライド例

ここがポイント　変化がわかるようにして、説明部分を強調する。

11. 円グラフを描くコツ

●大きい順に並べる
数値の割合を説明するには、円グラフが適している。原則として、割合の大きい順に時計回りに配置する。

●数値（ラベル）を入れる
割合を説明しようとしたときに、グラフに数値が入っていれば、余計な暗記をする必要がなくなる。

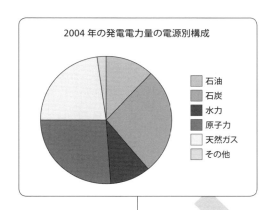

ダメスライド例

| ここが ダメ | グラフにメリハリがなく、どこを説明したいのかがわからない。 |

●説明したい部分を切り出す
説明しようとしている部分は、円から切り離して強調しておく。

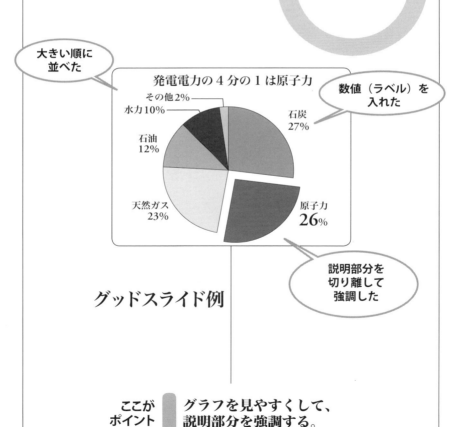

12. カラフル禁止

「カラフル＝きれい」なんて思ってはいけない。色を使えば使うほどスライドはダメになる。スライドにとって、色はきれいに飾るものではなく、ポイントを明確にするものだ。様々な色を使えば使うほど、ポイントが伝わらなくなる。

基本的に次の3色で表現する。

●テーマカラー（基調色）

全スライドを統一する基本となる色である。ヘッダーやフッターに使う。

●アクセントカラー（強調色）

スライドの中でポイントを示す部分に使う。

●ベースカラー

広い範囲を塗るときの色。テーマカラーと同系色の淡い色がよい。

> **ここがポイント** 使う色は、3色まで。

13. 表グラフのメリハリ

　表やグラフは、説明したい部分がはっきりと分かるように描こう。表であれば、説明したい行を色で塗る。棒グラフであれば、説明したい棒の色を変える。円グラフであれば、説明部分を切り離す。折れ線グラフであれば、説明する部分の数値を大きく表示する。

　説明したい部分が明確にわかるように強調することが大切である。プレゼンテーションのスライドでは、伝えようとしていることが伝わるよ

うに作る。表であってもグラフであっても、説明したい部分が聞き手に一目でわかるように強調しよう。

> **ここがポイント** 説明する部分を目立たせる。

14. スライドの タブー

●赤色の使い過ぎ

赤色を不用意に使うべからず。赤は、最大の強調色である。多用してはならない。1回のプレゼンで使えるのは、せいぜい1個所である。しかも、危険、障害、爆発、重大な失敗、怪我、大きな損失など、特にマイナス面や欠点を強調するときに使用する色である。単に強調するだけならば、「6 文字の強調でメリハリ」を参考にして、文字を強調しよう。

●背景色に溶け込む文字

背景色と文字の色とは、コントラストがあった方が見やすい。同系色を使うと、文字が背景に溶け込んでしまう。明るい色や淡い色の文字を使う場合には背景色との対比に注意したい。

スライド作成時に目の前のディスプレイ画面上では読めている文字も、広い会場で離れた位置からスクリーンやモニター画面を見ると、予想外に目立たなくなっていることがある。大きな画面になるほど明度が下がる傾向があるために、淡い色はますます読みづらくなる。

●文章ズラズラ

スライドは見せるものだ。読ませるものではない。文章は簡潔にシンプルでなければならない。文章をズラズラ、ダラダラ書くべからず。原則として、2行に渡る文章は書かない。

●テーマと無関係の背景

PowerPoint には多くの背景フレームが用意されている。背景フレームの中でも無機質なデザインのものは、どのようなテーマにも使えるので無難だ。逆に、地球、五重塔、クレヨンなど特定のアイテムが背景になっているフレームは、プレゼンテーションのテーマに合っているのかを考えて利用したい。

自分でテーマに相応しいオリジナルの背景画像を用意してもよい。上

のようにして、スライドの背景に設定することができる。

●趣味だけのアイキャッチャー

アイキャッチャーも内容に合わせて選択する。

「かわいいから」「カッコいいから」「好きだから」と自分の趣味で選ぶのは筋違い。聞き手が理解するときのイメージ作りに役立つアイキャッチャーにしたいものだ。

内容に無関係な邪魔なアイキャッチャーを表示っせるくらいなら、表示させないほうがまだマシである。

●すぐ引っ込めるスライド

「ここに書いてある通りです」と、すぐに引っ込めてしまっては、聞き手には何が書いてあったかがわからない。

また、「あとで読んでおいて下さい」では、プレゼンテーションにならない。

自信がなくて見せたくないスライドほど、短時間で引っ込める傾向がある。自分でもよくわかっていないスライドならば、十分な準備をしてから臨むべきだ。

スライドの
タブー

1. 赤色の使い過ぎ
2. 背景色に溶け込む文字
3. 文章ズラズラ
4. テーマと無関係の背景
5. 趣味だけのアイキャッチャー
6. すぐ引っ込めるスライド

わかる！ 伝わる！ プレゼン力
Textbook for Presentation

第 8 章

プレゼンの
悩み解決

1. 緊張してしまう

緊張してもいいのだ

アガリ症の人は安心してよい。緊張することは悪いことではない。緊張しまくって、足がガクガク、手は震える、顔は真っ赤で、言葉に詰まる。そんなプレゼンであっても、聞き手は決して心証を悪くしない。緊張するということは、そのプレゼンを大切に思っている証拠だからだ。

緊張することは
悪いことではない

**ここが　　** 緊張しないようにするのではなく、
ポイント 緊張してもプレゼンができるようにする。

事前にすること

[１] 何度も練習をする。

　何度も何度もリハーサルをする。ドラマの俳優や舞台の俳優を考えてみるとよい。何度も練習をしているからこそ、本番では台本を見ずにセリフを言えるのである。素人の私たちがアドリブでやろうなんて考えてはいけない。

[２] 会場を見ておく。

　会場を事前に見ておくことは大切なことである。座席、立ち位置、スクーリンの大きさなどを見ておくと、漠然とした不安がなくなる。

　遠地の会場などで事前に見ることができない場合は、当日早めに会場入りして確認する。初めての会場にいきなり入ると雰囲気に飲まれて、さらに緊張してしまうことがあるのだ。

[３] 立ち位置に立ってみる。

　本番でいきなり話し手側からの風景を見ると、いつもと異なる風景に驚いて、心拍数が上がってしまう。事前に一度は立ち位置に立ってみることだ。話し手側からの風景を見ておくとよい。

| ここが
ポイント | （１）何度も練習をする。
（２）会場を見ておく。
（３）立ち位置に立ってみる。 |

直前にすること

［１］顔を洗う。
　顔を水に浸すと、浸水反射により心拍数が下がり、緊張感が緩和される。これは人間の生命の起源が海の中であることの名残だとも言われている。濡れタオルやウエットティッシュを顔に当てることも効果がある。

［２］話し始めを何度も繰り返す。
　自分の番が回ってくるまでの間に、話し始めの10秒間の部分を何度も何度も頭の中で繰り返えす。たとえ、どんなに緊張して頭の中が真っ白になったとしても、最初の10秒間だけは話せるようにしておく。

顔を洗うと
落ち着く

プレゼン中にすること

［1］わざとゆっくり話し始める。

　意識的にゆっくりと話し始める。最初の 10 秒間の部分は何度も繰り返して頭に入れておく。そして、その言葉をゆっくりと話す。スタートでいきなり噛んでしまうとますます緊張が高まってしまうからだ。

［2］笑う。

　作り笑いでもよい、引きつった笑顔でもよい。努力して笑顔を作る。意識的ににこやかな表情を作っていると、たとえそれが作られた笑顔であっても、脳がダマされて、楽しいことをやっているように思えてくる。緊張の中でもリラックスした状態になれば、練習の成果を発揮できる。

［こぼれ話］ 笑うと速く走れる

早稲田大学の選手として 1985 年、86 年の箱根駅伝で 2 度の区間賞を獲得し、現在は、選手の育成や解説者として活躍されている、金哲彦さんが語る「かけっこの極意」。
子供に一声かけるだけで、間違いなく今より速く走れる方法。
金さんがすすめる魔法の言葉とは…
金「笑って！です」 "笑って" 走ると速く走れるという。
金「運動会だと子供は緊張するじゃないですか。速く走ろうと、頑張ろうとすると力んでしまって歩幅が狭くなります。一方、笑いながら走るとリラックスした状態になり歩幅が自然に広くなって、結果的に速く走ることができるんです。とにかく笑いなさいと一言！」
実際に、同じ子供で 50 ｍを歯を食いしばって走った場合と、笑って走った場合で比較してみると…　笑って走った方が速くなった。
金「そもそも "笑って走る" 方が楽しいじゃないですか！」
出典：ひと言で速く走れる魔法の言葉、日本テレビ「人生が変わる 1 分間の深イイ話」2009 年 4 月 6 日放送

［3］問いかけ、呼びかけは相手の反応を期待しない。

　「〇〇したことはありませんか？」という問いかけ、「△△してみませんか？」という呼びかけに対して、聞き手が反応しないことがある。反応を前提にしたシナリオで臨むと、思わぬ肩透かしをくらって緊張感が高まってしまう。反応を期待せずに自分のペースで進めよう。

［4］スベっても構わず進める。

　ギャグやジョークが受けなくても、構わず進めよ。プレゼンテーションに自信がない場合は、冗談を盛り込むことは避けた方がよい。スベったことでますますアガってしまう危険があるからだ。もしも、面白いと思ったのにスベってしまったら、間を空けずに構わず先に進める。引きずるとグダグダになってしまう。

緊張しにくい体質にする

人は緊張すると心拍数、体温、血圧が上昇する。これがアガるという現象だ。有田秀穂教授（東邦大学医学部、生理学）によると、不安の発

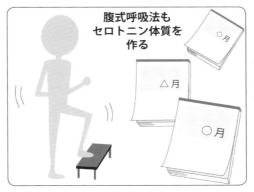

生にはセロトニン神経系が深く関わっている。セロトニン体質にすると緊張する場面に強くなるという。そのためには少なくとも３か月間の継続的な努力が必要だ。踏み台昇降のような単調なリズム運動を毎日、地道に続けることが必要である。（参考：有田秀穂・高橋玄朴著、「セロトニン呼吸法」、地湧社、2002）（参考：東邦大学医学部統合生理学HP　http://physi1-05.med.toho-u.ac.jp/）

ここがポイント　セロトニン体質にすると緊張に強くなる。

2. どこを見たら いいの?

　聞き手が大勢いるときは、全体を固まりだと思って、ゆっくりと見渡しながら話すとよい。自分が灯台のライトになったつもりで、聞き手集団の全体にビームをまんべんなく当てるのである。一人ひとりの聞き手と目を合わせる必要はない。全体をぼんやりと見るのである。

全体を照らす

灯台の
ライトになった
つもりで

**ここが
ポイント**　聞き手全体をぼんやりと見渡す。

3. 手が動いてしまう

　伝えようとするあまり自然と動いてしまう手は、気にしなくてよい。思わずやるジェスチャーは、熱意の現れだ。いけないのは、メモ用紙をいじる、指示棒をいじる、髪の毛をいじるなど、無意味に遊ぶ手である。

　人は動くものに注目する。マジシャンはこの習性を逆に利用して、タネを隠しているのである。手の位置については、p.38を参考にしよう。

無意味に遊ぶ手に気を付けよ

ここがポイント 熱意のあまり思わず動く手は気にしなくてよい。

第8章●プレゼンの悩み解決

157

4. 姿勢が丸まってしまう

　正しい立ち姿勢を日頃から意識して練習しよう。電車待ち、信号待ち、レジ待ち、いつでも練習できる。毎日持続して練習していれば、3ヵ月間くらいで立ち姿勢が身に付いて自分のものになる。そうすればしめたもので、意識しなくても普段から自然と正しい姿勢で立てるようになる。
　本番で意識すればいいと考えるのは、大間違いである。

普段の姿勢がそのまま出る

ここがポイント　毎日練習すれば、3ヵ月で姿勢が身に付く。

5. 声の大きさがわからない

　一番後ろの人をターゲットに声を出せ。声は無駄に大きくてもOKだ。一生懸命に出している声には、熱意を感じるものである。テレビショッピングで活躍するたかた社長（ジャパネットたかた）を見てごらん。熱意のあまり裏返りそうになるくらいに声を出している。

一番後ろの人が
ターゲット

ここがポイント　声はどんなに大きくてもよい。

6. 言うことを忘れる

　プレゼンテーションの最中に、話す内容を忘れてしまうというシーンは、夢であっても見たくないものだ。言葉が出なくて立ちすくむ姿は、想像しただけでもゾッとする。そのような事態を避けるには、次のようにすればよい。

［1］事前に何度も練習する。

　事前にしっかりと準備をして、何度も何度も練習する。そうすれば、度忘れをかなり防げる。本番は練習の結果でしかない。本番では練習よりも上手くはできないと思え。

［2］スライドにポイントを書き込む。

　スライドに、言わなければならないポイントを書き込んでおけば、余計な暗記がなくなり、言い忘れを防止できる。つまり、スライドは、話し手がプレゼンテーションをしやすいように作るのである。

［3］本当に忘れたらスライドを見る。

　スライドに書いてある通りに説明をすればよい。そもそもスライドは、あなたがプレゼンテーションをするために作ってあるのだ。スライドに説明のポイントを書き込んであれば、忘れてしまっても大丈夫。

　むしろ、スライドの電子ファイルが入った USB メモリを忘れることの方が、ずっと怖い。

7. 何分話したのか わからない

　事前に時計を使って何度も練習しておけば、本番で持ち時間を大きく外れるようなことはなくなる。与えられた時間を有効に使うようにしよう。短すぎるプレゼンや時間オーバーのプレゼンは、ロクに準備をしないで臨んだという証拠で、聞き手に失礼となる。本番ではよく見える位置に時計を置いて、時間をチェックしながら進めよう。

時計を
見える位置に置いて
行う

> **ここが ポイント**　持ち時間を有効に使えるかどうかは、事前の練習がモノを言う。

第8章●プレゼンの悩み解決

8. 自動機能は使うべき？

　時間指定による自動表示機能は使わない。勝手に表示が進んでしまってペースを乱されることになる。話し手のペースでプレゼンテーションを進められるよう、ページの切り替えやアニメーション機能（文字・画像の出現）は、マウスのクリックや Enter キーで動作するようにしておく。

自動表示は
ペースを乱す

ここがポイント　画面はマウスや Enter キーで切り替える。

9. テンションを上げるには

やるからやる気が出る

　プレゼンの準備をしなければならないのに、どうもやる気が出ない。テンションが上がらない。集中できない。楽しいことには一生懸命になれるのに、プレッシャーがかかることは避けたくなる。

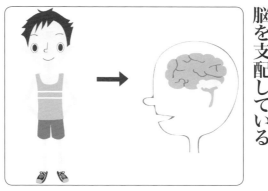

カラダが脳を支配している

　そんなとき、やる気を待つのではなく、まずやることだ。プレゼンの準備を始めてごらん。やっていると脳がだまされて、やる気が出てくる。
　このような現象を『のうだま－やる気の秘密』(幻冬舎)の著者である脳科学者の池谷裕二(東京大学准教授)は「脳をだます」と表現している。主導権を握っているのは、カラダの方なのだ。

笑うと楽しくなる

　口角を上げていると、脳がだまされて、楽しいことをしていると勘違いする。だから、プレゼンテーションの準備のときでも、本番のプレゼンテーションのときでも、意識して笑顔を作ってごらん。不思議と楽し

笑いながら取り組め

い気持ちになってくる。
　カラダが脳を支配している。苦痛な顔や不機嫌な顔でのプレゼンテーションは、決して成功しないし、本人も楽しくない。事前の準備と練習を十分にすれば、必ずよいプレゼンテーションができる。それを信じて、笑いながらプレゼンテーションに取り組もう。

ここがポイント 笑いながら取り組めば楽しくなる。

わかる！ 伝わる！ プレゼン力
Textbook for Presentation

付録

1. プレゼン前に確認しよう

　もし自分が聞き手だったら、聞きたくなるプレゼンなのかと自分自身に問うてみよう。

○ **時計を使って何度も練習**
練習は本番を裏切らない

○ **表紙の副題に伝えたい事**
どうして欲しいのかをサブタイトルに

○ **最終スライドにも伝えたい事**
この言葉で締めくくる

○ **自分が聞き手だったらと想像**
本当に聞きたくなるようなプレゼンなのか？

「良いプレゼン
悪いプレゼン」を
思い出そう
（p.13）

2. やってはいけない

原稿を読むプレゼン

　下を向いたままで話をする。最も多い失敗の典型である。下に何があるのか？原稿やメモである。スタートの10秒間ですら下を向いて始めたプレゼンテーションは、本題に入る前にその時点ですでに失敗している。本気で伝えたいのならば、しっかり聞き手を見て話すべきである。

　TVドラマや舞台で俳優が台本を手に持ち、うつむいて読み上げらなが演技をしたと考えてみるといい。視聴者や観客に感動が伝わるだろうか。

原稿棒読みでは
絶対に
伝わらない

パソコン画面を見てばかりの
プレゼン

　スライドが表示された手元のパソコン画面ばかりを見ていると、うつむきプレゼンになる。聞き手を見なければならない。あなたがプレゼンをする相手は、パソコンではなく聞き手なのだ。

振り向きプレゼン

　必要もないのに、スライドが表示されたスクリーンの方ばかり振り返ってはいけない。聞き手に伝わらなくなる。聞き手に向かってプレゼンテーションをするのだ。

　話す項目を説明するときや説明する部分を指すときに、手や指示棒でスクリーンを指す。そのときにだけスクリーンを見て確認したら、あとは聞き手の方を見て話すのである。

前置きが長いプレゼン

　私がこのテーマを選んだ理由だとか、今日のプレゼンを準備していて困ったこととか、そんな事情や言い訳は聞き手はまったく聞きたくない。聞き手はプレゼンの中身を聞きたいのである。気の利いたツカミができないのならば、無駄な時間で聞き手をイラつかせないで、すぐに本題に入っていこう。

時間オーバーのプレゼン

　時間オーバーは、事前にしっかりと練習をしていなかったことの証拠である。準備不足がアリアリとわかるプレゼンテーションは、聞き手に対して失礼であり、聞き手にとって時間泥棒にもなる。

　お客様に対する説明会や競争入札の際のコンペなど、設定された持ち時間を1分たりとも延長できないプレゼンテーションもある。この程度の準備で大丈夫という安易な姿勢で臨んでいると、結論を言うことができずに時間切れということになりかねない。

　また、持ち時間を大幅に余らせて終了するプレゼンテーションも、準備不足で臨んだ証拠であり、聞き手に失礼である。与えられた時間を有効に使うべきである。

長すぎるプレゼンは時間泥棒

説明会プレゼン

　○○の魅力だの、○○の特徴だの、○○の種類だのを説明されても、聞き手には、何を言いたいのかわからない。単に説明をするだけのプレゼンテーションは、説明会プレゼンという。「○○について紹介しました」と締めくくるプレゼンも同様だ。

説明するだけなら資料で十分

　説明や紹介をするだけならば、資料を配布すれば済むはずだ。なぜ、わざわざ人を集めているのかを考えて欲しい。いったい聞き手にどうして欲しいのだ？

ここがポイント　単なる説明だけならば、話し手はいらない。

どうして欲しいのかを言わないプレゼン

聞き手にどうして欲しいのかを言わないプレゼンテーションは、時間泥棒である。最後には必ず「どうして欲しいのか」を明確に述べて締めくくらなければならない。その言葉が作れないのなら、伝えるべきことが定まっていないのだ。内容の検討からやり直そう。

退屈な説明を延々と続けて、最後だけとって付けたように「興味を持ったら、○○してください」で終わるプレゼンも、失格である。興味を持たせるように説明しなければならないのである。

ここがポイント 聞き手にどうして欲しいのかを明確に述べよ。

自己満足の演説プレゼン

　自分の言いたいことだけを言っている自己満足のプレゼンテーションを演説プレゼンという。どのような話題を選び、どのように表現すればよいのかを考えていないのである。自分が聞き手だったらどうだろうかと想像してみればすぐにわかるはずだ。しかし、聞き手のことを無視しているので、自己満足の演説になるのである。

　「言いたいことより、聞きたいこと」を肝に銘じて、準備をしたいものだ。

言いたいこと
だけを
言うのは
自己満足

ここがポイント　自分が聞き手だったらどうなのかと考える。

目障りな無駄な動きのプレゼン

　プレゼンテーションの内容に関係のない無意味な動作があると、聞き手は注意を他にそらされてしまい、話に集中できなくなる。熊のようにうろうろと歩き回ったり、ゆらゆらと体を揺らしたり、手に持った資料を丸めたり、いじったりという無意味な動作は、聞き手にとっては目障りである。

うろうろ、ゆらゆらは禁止

ここがポイント　無意味で目障りな動きはやめる。

3. 必ず行え 動作テスト

　自分のパソコンを持ち込んで使うプレゼンが一番安全である。電子スライドを作ったパソコンならば、間違いなく動作する。でも、会場側で用意したパソコンを使うというケースもある。そんな時には、使い勝手が変わるので気を付けよう。

　可能ならば、使用するパソコンを事前にチェックしたい。最も使い勝手を左右するのは、マウスポインタの速度である。

　また、無効にしておきたい機能は、ナレーターである。画面上の文字を読み上げ始めたら、大慌てすることになる。

> ### 確認したい設定
> ● マウスの動くスピード
> ● 音声読み上げ
> ● フォルダオプション
> 　（シングルクリック、
> 　ダブルクリック）
> ● ウインドウの自動整列

　次の機能は、PowerPoint のバージョンが異なると違った動きをすることがある。

[1] 画面の切り替え
[2] アニメーション効果
[3] ハイパーリンク

ここがポイント ▌ パソコンの設定を事前に確認する。

174

プレゼンでは、動画が曲者である。動画ファイルの形式にはいくつかの種類がある。自分の動画ファイルの形式にパソコンが対応しているのか、一度再生してみる必要がある。USB メモリの中に動画再生ソフトを格納して持ち込むことができれば一番確実である。そうすれば、パソコンにインストールされているソフトを使わずに再生できる。

　会場ではパソコンにプロジェクターが接続されている。そんな環境で

会場のパソコンで正常動作するとは限らない

PowerPoint のスライドショーを使うと、自動的に画面表示が拡張モードになり、話し手のパソコン画面とスクリーンの表示画面が別になる。動画再生ソフトの画面は、スクリーン表示の画面に移動させなければ、聞き手に見せることができない。動画再生でまごつかないように練習しておこう。

ここがポイント　会場側のパソコンで動作テストはマスト。

4. 不評の レーザーポインタ

　聞き手にレーザーポインタの評判は悪い。まぶしい。目がチカチカする。動きが速い。イライラする。レーザーポインタを手に持ってプレゼンするとカッコいいかもしれないけれど、いたずらに聞き手を不快にするだけである。レーザーポインタを捨てよう。

　レーザーポインターは話し手本位の道具であり、決して聞き手のためのものではない。スクリーン上を示したければ、手や指し棒、マウスポインタ（マウスの矢印）などで示せばよい。

まぶしい
目がチカチカする
動きが速い
イライラする

ここがポイント レーザーポインタを捨てよう。

176

5. プレゼン会場の設営

　通常のプレゼンでは聞き手の全員にとって一番見やすい位置にスクリーンを設置する。聞き手が主役である。スクリーンが可動式であれば、会場の正面に置くとよい。聞き手のテーブルも可動式ならば、聞き手の体がスクリーンに向くように、テーブルを傾けるとなおよい。

　スクリーンを設置したら、最前列の右端の席と左端の席からスクリーンの見え方をチェックするとよい。この席は、話し手が邪魔でスクリーンが見えにくいことがあるからだ。

　また、一番後ろの席にも実際に腰かけて、スクリーンの見え具合を確かめよう。

　学校の教室程度のサイズの会場ならば、正面の真ん中に話し手の演台を置いて、スクリーンは会場の対角線上に置くというレイアウトもありだ。

小規模ならば、スクリーンを対角線上に置く形もあり。

ここがポイント 端の席に腰かけてスクリーンを確かめる。

スクリーンは利き腕側に

　会場内のスクリーンの位置が決まったら、話し手のための演台の位置にも気をつけよう。話し手が右利きの場合は、右手でスクリーンを指すことができる位置に立つようにする。つまり、話し手の利き腕側にスクリーンがあるように演台を用意するのである。これはプレゼンテーション中にスクリーンを利き手で示したり、指示棒で指したりする際に、聞き手に背中を向けないための配慮である。

**ここが
ポイント**　利き手でスクリーンを指せるように設営する。

6. 成功の習慣作り

　ラグビーのキックの前に、五郎丸選手がやっていたお決まりの動作がある。あの動作をルーティーンまたは、ルーチンという。陸上競技のウサイン・ボルト選手は、スタートラインにつく時に、必ず十字を切って天を仰ぐ。あれもルーティーンだ。

　ルーティーンは、大切なことに取り組む前に行うおまじないのようなものだ。プレゼンテーションに臨む時にも、自分なりの決め事を作っておくとよい。集中力を高めたり、気持ちを落ち着かせる効果がある。

　ある男性は、プレゼンの時に赤いネクタイを締めることにしている。勝負ネクタイだ。また、ある女性は、大切な日の朝に必ず指輪を磨く。指輪が光っているとうまく行くというジンクスだ。これらはゲン担ぎでもある。

　スタバのラテを飲む。ペットを撫でてから家を出る。のど飴をなめる。どんなことでも自分の決まり事になる。プレゼンに向かう気持ちを後押ししてくれるに違いない。

プレゼンのおまじない ジンクス

> **ここがポイント**　自分だけのルーティーンで気持ちを作る。

7. 自己チェック リスト

自分のプレゼンテーションをチェックしてみましょう。

No.	チェック項目	チェック
1	時計で時間を測りながら10回以上練習しましたか？	◯
2	「挨拶をする、名を名乗る、目的を言う」ができましたか？	◯
3	はじめに「どうして欲しいのか」を明確に述べましたか？	◯
4	タイトルページを表示している間は、前を見ていましたか？	◯
5	持ち時間の8割以上で、聞き手の方を見ていましたか？	◯
6	サブタイトルを「正しく」付けていますか？	◯
7	スライドに説明のキーワードやポイントを書き込んでいますか？	◯
8	自分の体験・経験など具体的な話から始めましたか？	◯
9	最後に「どうして欲しいのか」を述べて締めくくりましたか？	◯
10	伝えたかった事を最後のスライドにはっきりと書いてありますか？	◯

（その他）他の人のプレゼンの時に、聞き手のプレゼン（うなずき等）を
実践しましたか？

チェックの数が多いほど、よいプレゼンテーションです。

あとがき

　ある日、勤務している大学のコピー室で複写機を使っていたら、いつの間にか他の先生が私の後ろに立っていました。気配に気が付いて振り返ると、その先生は、笑顔でこう話しかけてきたのです。「先生の授業を受けた学生が私のクラスにいます。プレゼンをやらせると、他の学生とはまったく格が違います。」私は、学生が授業で学んだことを活用しているとわかり、とても嬉しくなりました。

　実はプレゼンテーションを教えることは簡単ではありません。なぜかと言うと、知識だけでなく、ノウハウを伝授しなければならないからです。知識だけならば講義さえすれば、教えることができる。しかし、プレゼンテーションは、そうはいかない。自動車の運転と同じで、実技として実践できなければ意味がないのです。

　私たちの生活の中には、人前で話す機会が何度もあります。学生時代であれば、授業での課題発表、バイト先での自己紹介、新入学生へのクラブ紹介、卒業論文の中間発表、就職面接でのプレゼン審査、そして、社会人になってもプレゼンの機会はお構いなしです。結婚披露宴でのスピーチ、会議での報告、企画の提案、朝礼、お客様への説明、忘年会、新年会、歓送迎会での挨拶など、プレゼンテーションの機会は数え上げたらキリがありません。

　こうしてみると、私たちは年齢や職業に関係なく、何度となく人前で話をする機会が訪れるということがわかります。プレゼンテーションの能力は、人生の中で何度も使う一生モノの能力です。いったん身に付けておけば、これから先ずっと生活や仕事の場であなたを助けてくれるでしょう。ぜひ、活用してください。本書がプレゼンテーションを上達させたいと思う人の手助けになることを願っています。

著者紹介────────佐藤 佳弘（SATO, Yoshihiro）

東北大学を卒業後、富士通（株）に入社。その後、東京都立高等学校教諭、（株）NTTデータを経て、現在は 株式会社 情報文化総合研究所 代表取締役、武蔵野大学 名誉教授、早稲田大学大学院 非常勤講師、総務省 自治大学校 講師。

ほかに、西東京市 情報政策専門員、東久留米市 個人情報保護審査会 会長、東村山市 情報公開運営審議会 会長、東久留米市 情報公開審査会 委員、東京都人権施策に関する専門家会議 委員、京都府・市町村インターネットによる人権侵害対策研究会 アドバイザー、オール京都で子どもを守るインターネット利用対策協議会 アドバイザー、西東京市 社会福祉協議会 情報対策専門員、NPO法人 市民と電子自治体ネットワーク 理事、大阪経済法科大学 アジア太平洋研究センター 客員研究員（すべて現職）。

専門は、社会情報学。1999年4月に学術博士（東京大学）を取得。主な著書に『脱！スマホのトラブル』2018年3月、『脱！SNSのトラブル』2017年11月、『インターネットと人権侵害』2016年2月、（いずれも武蔵野大学出版会）など多数。
e-mail: icit.sato@nifty.com
http://www.icit.jp/

●本書は2010年9月に発売された、
『わかる！伝わる！プレゼン力』（武蔵野大学出版会）の改訂版です。

〈パワーアップ版〉
わかる！伝わる！プレゼン力
プレゼンテーション虎の巻

発行日	2018年9月20日
著者	佐藤佳弘
発行	武蔵野大学出版会 〒202-8585 東京都西東京市新町1-1-20 武蔵野大学構内 Tel. 042-468-3003 Fax. 042-468-3004
装丁・本文デザイン	田中眞一
イラスト	初瀬 優
編集	斎藤 晃（武蔵野大学出版会）
印刷	㈱ルナテック

©Yoshihiro Sato
2018 Printed in Japan
ISBN 978-4-903281-38-4

武蔵野大学ホームページ
http://mubs.jp/syuppan

脱！スマホのトラブル 増補版

やって良いこと悪いこと
LINE フェイスブック ツイッター

佐藤佳弘 著
武蔵野大学出版会
本体1350円+税

子供たちが被害者・加害者にならないために！

スマホの新しいサービスが次々と生まれ、児童・生徒がトラブルに遭っている！

小中学校で「スマホの危険」や「正しい使い方」について数多く講義をしている著者が、トラブルの事例と対策を豊富なイラストを使ってやさしく解説！

脱！SNSのトラブル

やって良いこと悪いこと
LINE フェイスブック ツイッター

佐藤佳弘 著
武蔵野大学出版会
本体1350円+税

トラブルの被害者・加害者にならないために！

便利なSNSも、正しく使わなければ危険な道具になりかねない！

SNSは強力な情報発信ツールだが、うかつな投稿がトラブルを生む。SNSを安全に使うためのノウハウを豊富なイラストで解説！

（ネット上の誹謗中傷は誰が書き込んだのかわからず簡単に削除ができない！）

本体2000円＋税
武蔵野大学出版会
佐藤佳弘＝著

名誉毀損・侮辱・脅迫・さらし・
ネットいじめ・児童ポルノ・
ハラスメント・差別…
ネット上で起こっているトラブルについて
数多くの事例をもとにその対処法を解説！